中·华·经·典·通·识

兰台经纬

《四库全书》读解

陈晓华 张群/著

華中科技大學出版社
http://www.hustp.com
中国·武汉

图书在版编目（CIP）数据

兰台经纬：《四库全书》读解 / 陈晓华，张群著. —武汉：华中科技大学出版社，2021.4
（中华经典通识）
ISBN 978-7-5680-6568-9

Ⅰ.①兰… Ⅱ.①陈… ②张… Ⅲ.①《四库全书》—研究
Ⅳ.①Z121.5

中国版本图书馆CIP数据核字（2021）第059631号

兰台经纬：《四库全书》读解　　陈晓华　张群　著
Lantaijingwei：Sikuquanshu Dujie

策划编辑：闫丽娜
责任编辑：闫丽娜
封面设计：金　刚
责任校对：阮　敏
责任监印：朱　玢
出版发行：华中科技大学出版社（中国·武汉）/ 电话：（027）81321913
武汉市东湖新技术开发区华工科技园　/ 邮编：430223
印　　刷：湖北新华印务有限公司
开　　本：880mm × 1230mm　1/32
印　　张：8.25
字　　数：183千字
版　　次：2021年4月第1版第1次印刷
定　　价：35.00元

本书若有印装质量问题，请向出版社营销中心调换
全国免费服务热线：400-6679-118　竭诚为您服务

丛书序

这套丛书是面对国学或文史爱好者的读物，对于初备传统文化基础知识的读者来说，尤其值得一览。何出此言？因为这是一套超出了读者期待的书。

与古代经典有关的知识读物，多数是平庸的流俗之作。当你走进一家书店，或是浏览购物网站，挑选古代经典读物时，诗文选本、古籍白话译本数不胜数。

诗文选本古代就有，最具代表性的自然是南朝梁昭明太子萧统所编的《文选》。隋唐之后，它成为古人学习诗文写作的基础书籍之一。后来，它还形成了“《文选》学”这样的专门学问。直到今天，《文选》研究仍是唐以前文学研究的重要部分。唐代的《中兴间气集》《河岳英灵集》等，是时人编选的唐诗读本，并一直流传到今天。明清以来，随着雕版印刷技术的成熟，书籍制作的技术门槛和成本越来越低，以儿童启蒙或科举应试为目的的诗文选本开始大量出现。最为我们熟知的就是《千家诗》和《唐诗三百首》。20世纪50年代之后，为适应新中国文化建设的需要，一些学问大家都曾编选过诗文选本，如余冠英的《诗经选》、王伯祥的《史记选》、萧涤非的《杜甫诗选注》、钱锺书的《宋诗选注》等。这些书选目精当，注释简明，且断语清通，可以说是新时代的经典选本。近二十年以来，电子技术的进步使得制作一本书越来越容易，各种临时拼凑的诗文选本大量出现。虽然编选注释者多是专业学者，甚至不乏名家，但是编选诗文不属于专业的学术研究，因此学者们投入的精力十分有限。此类书籍即便每年都有新产品面世，但其质量堪忧。

古籍的白话译本在今天看来已是奇葩。它们也是适应新中国文化普及工作而逐渐出现的读物。对于只具备初步文字阅读能力的读者来说，这些译本是他们了解古籍内容的便捷途径。因此直到今天，这类图书仍然被大量印刷。但是，当代人大多受过古文阅读的训练，借助注释，绝大多数的古籍是可以读通的。古文自有其独特的韵味，我们本可以从这些文字中体会汉语的韵律与美感，甚至可以怀想古人的辞气、心态、日常生活乃至时代风习。但古文一经白话翻译，那些文字中的美感和灵性便荡然无存了。这就如同把新鲜的水果制成维生素片，那些天然的果香是加工过程中最先失掉的东西。即使最优秀的白话译者，也不能传递原始文字的美与韵。我们阅读这类书籍，就好像吃他人咀嚼过的食物，美食的滋味和入口的快感，恐怕只存在于译者的齿间。当然，翻译不能略过任何细节，因此，若我们将白话翻译当作阅读古文的辅助材料，把它们当作更加详细的注释来使用的话，这类书还是有一定价值的。

读书当知其然，亦知其所以然。诗文选和译注一类的书，是文句和内容层面的通俗化，只提供了基本的阅读对象，却极少涉及古代文献的成书、流传与思想史背景等问题，这对于那些富于探索兴趣的读者来说，是远远不够的。况且，这样的书见得多了，很容易让人降低阅读的期待，因为不用翻开，就已经知道里面有什么了。

那么，如何来满足读者的探索兴趣呢？我想，凡是具有此种兴趣的人，都会被学术问题吸引。但专业的学术研究与通俗的阅读之间，横亘着一道鸿沟。王国维的《观堂集林》、陈寅恪的《金明馆丛稿》、余嘉锡的《古书通例》等著作，对于专业学者来说，弥漫着令人叹为观止的洞见与魅力，让他们反复玩赏，三月不知肉味。但这些著作对于普通读者来说，却显得过于艰深了。学术研究充满了无穷的魅力，但专业的书写方式成了一般读者了解学术问题的障碍，因此，在一般层面的阅读世界里，缺少的正是以通俗的语言来描述有趣学术问题的书。

“中华经典通识”系列丛书独辟蹊径，将学术研究中的那些有趣问题，以通俗化的语言讲述出来，成为一套让我们知其所以然的书。

在这一套书里，经典的成书、文本、思想与流传成了主要内容，这些也是专业学术研究的重要课题。这些书的作者，都是非常专业的青年学者，她（他）们经历了良好学术训练，对前沿问题有敏锐的嗅觉。当她（他）们想把那些有趣而精深的问题，用清通的语言写出来时，我们真该庆幸，同时也当感谢她（他）

们。因为这样一来，学术就不仅仅是象牙塔里的狂欢了，而是可以惠及众人，让许多抱有文化情怀的读者所熟知，从而更深入地了解和探索学术研究中的那些有趣话题。

可以说，这是一套充满了朝气的书，是书中的少年，有着毫不妥协的傲骨。同时这套书又是一座桥梁，沟通了学术与通识，知识与趣味，让有关中华经典的诸多问题，以清新的面目示人，通俗而不平庸，且图文并茂，便于赏读。

2018年1月

前言

以政府之令，集全国之力，聚名儒大家，费十余年光阴而成的《四库全书》，不仅是中国最大的记忆遗产，也是世界文化瑰宝。它基本上涵括了清代乾隆时期尤其是明代以前的中国古代典籍。自成书之日，便代表了东方文化，取得了世界性的地位。至今，已走过了200余年的历史。这200余年中，它经历了磨难，见证了国之兴衰，七部《四库全书》，仅存四部，保护弘扬的任务刻不容缓。不过，无论兴衰沉浮，它始终以“典籍总汇，文化渊薮”的魅力赢得世界的关注，足可担当起认识传统、涵养民族精神的重任，是堪比长城、大运河的文化工程，为世界文化史上的绝唱。当然，虽然因为它的修撰禁毁删改了不少古籍，摒弃所谓忌讳之作不录，存在谬误和缺陷，但时至今日，我们回头审视《四库全书》的地位和价值，仍不得不承认它是中国古代学术文化史上一块重要里程碑。

具而言之，《四库全书》的修撰，价值和意义在于：第一，对中国学术文化进行了一次大规模的全面总结，为中国有文字以来所存文献最大规模汇结，保存并传承了中国古代文化，是中国古代文化的集大成，具有极其珍贵的价值与世界性地位。

首先，四库修书顺应了时代学术发展的需要，为学术走向经学复古，以官方的积极引导认可确定下来。从此，学术发展与官方认可合流，经学复古走向兴盛，这就是乾嘉之际的清代的汉学主流。梁启超说："四库馆就是汉学家大本营，《四库提要》就是汉学思想的结晶体。"（梁启超《中国近三百年学术史·清代学术变迁与政治的影响》，山西古籍出版社2001年版，第22页）四库修书提倡汉学，正好符合时代的潮流。

不过，这个汉学，是需要凭借对古代典籍的认识整理为基础的。而有关这方面的工作，个人力量毕竟有限。然而，虽然如此，但这个时期的学者，却以个人之力，对举凡经史子集诸典籍，几乎都在做着力所能及且比较彻底的整理工作。如何把这些工作整合起来，四库修书以全国之力，汇聚一流学者，完成了这项工作，也更进一步全面清查了发展到乾隆时期中国文化发展的具体状况。而借《四库全书》编纂的东风，加之汉学空前发皇，我国古代学术从此进入对传统学术进行全面总结和整理的阶段。

同时，四库修书也是对中国目录学工作的一次大总结。这通过《四库全书总目》表现了出来。《四库全书总目》的撰修成功是目录学史上的一件大事，也是中国目录学事业鼎盛发展的表现。于此，后人多有论述。周中孚曾盛赞它是自汉以后，最得意的目录学杰作。《四库全书总目》以简练严密的序论和提要阐述了古代学术源流、各书作者的事迹、内容正误、价值高低，考证精详，有许多精确的论证，它是对18世纪以前中国古代学术文化的一次大总结，许多学术观点至今仍值得借鉴。它的分类体系和编撰体例达到了古代目录书的最高水平，影响了后来许多目录书的编纂，如周中孚《郑堂读书记》、张之洞的《书目答问》，以及《清史稿·艺文志》等，大批清代私藏目录都采用《四库全书总目》的分类法。后来，四部分类法虽因时代发展不再普遍适用了，但一些涉及古书的目录书，仍有采用四部分类法的，如近人范希曾《书目答问补正》、傅增湘《藏园群书经眼录》、周子美《嘉业堂钞校本目录》《天一阁藏书经见录》，今天的《续修四库全书总目提要》等等。对于我国古籍的整理，四部分类法并未过时。它为后来者指明了读书治学的门径。张之洞在《輶轩语》中明确指出诸生良师，学问门径。如他所言，许多著名学者都是因受益于《四库全书总目》而出类拔萃的。陈垣少年时就接触《四库全书总目》，1896年，他买到《四库全书总目》，开始阅读。以后几年中，读了好几遍。对当时的陈垣来说，《四库全书总目》是指示方径的指南。他从中所获得的丰富的目录学知识，是他日后畅游史学园地的坚实基石。余嘉锡治学也从《四库全书总目》开始，他从光绪二十六年庚子（1900）17岁时始读《四库全书总目》，“遂穷日夜读之不厌”，为治学打下了坚实的基础。他称《四库全书总目》具有“衣被天下，沾溉靡穷，嘉、道以后，通儒辈出，莫不资其津逮，奉作指南，功既巨矣，用亦弘矣”（余嘉锡《四库提要辨证·序录》，中华书局1980年版，第49页）的效力。至今，《四库全书总目》仍为治国学者或爱好传统文化者指示着读书治学的门径。当代学者孟昭晋在《中国人文科学研究法暨文献目录学》中把它比为目录学中的《红楼梦》，甚为形象。

此外，晚于《四库全书》容括世界知识体系的大型书籍英国《大英百科全书》、日本《世界大百科事典》等，都有专门的条目介绍《四库全书》，无疑《四库全书》被纳入了世界文化体系。以中国占世界人口的比重所奠定的自己最大一宗纸质文化遗产在世界文化遗产中所占的比重，以《四库全书》所著录的如《水经注》《梦溪笔谈》《本草纲目》等诸多具有世界性地位的著作，以及它所代表的东方文化，实可见《四库全书》举足轻重的世界性地位。今天，它获有了国际学术界的“中国文化的万里长城”“东方文化的金字塔”等美誉。

这一切无不体现出中国优秀传统文化续古开今的内在动力，蕴涵着中国传统文化的无穷哲理与智慧，为世界文化史上的璀璨明珠，足可与万里长城、大运河相媲美。

第二，汇聚、锻炼了一批人才。在乾隆崇奖经学，去除浮泛，提倡精核翔实的学风下，四库馆中人员的选举，是倾向汉学人才的。如戴震、杨昌霖等才俊，他们自身被破格举荐入馆，就无疑起到了为天下表率的作用，而他们又都是汉学的先进，自然也引领了馆内外的汉学学风。

此外，四库修书期间，各界人士为着不同志向纷纷云集京师的同时，也为京师创造了优良的学术环境。四库修书对书籍的大量需要，使得书籍从各地汇聚京师，不得见或难见的书籍，往往在京师可见。当时四库馆臣，如翁方纲等就常去琉璃厂书肆、五柳居及文粹堂诸坊舍选书、购书。饱学修书之余，也经常聚会讲论学问。而那些暂居京城落魄不第的一批士子，如洪亮吉等也得依四库馆就食，在维持生计、养家糊口的同时，认识了四库诸臣，并相与探讨学问，为他日后的中举及走上仕途作了关键性的铺垫。而阮元在四库修书尾声之际感受到了四库修书余泽，使他日后又进行大型书籍的编纂，继续四库之风。亦正因为曾感受四库修书，使他扮演了学术发展中承前启后的角色，做了汉宋学的调和者。

四库修书后，它的补续影印等工作也引起各界关注。自阮元开先河，到民国年间曾任法国总理的班乐卫、国内各界人士勠力计划影印《四库全书》，以及抗战期间日本、苏联欲占有我文溯阁《四库全书》，以至20世纪80年代台湾影印文渊阁《四库全书》，21世纪初大陆再掀影印浪潮，至于今，则有南北二四库学术研究中心引领四库学界，《四库全书》申请世界记忆遗产名录之倡议，并有建立全国性四库学会的呼吁。四库学的研究及实践的硕果累累，已成为一门本于《四库全书》而高于《四库全书》的专学。

今天，世界各国文化战略纷呈。而文化之争本质上是国本之争。作为东方文化的代表之一，中国文化是否能持领军之势，形成自己的话语权；中国文化身份何在；中国现代化的意义如何描述；中国21世纪的形象谁来描述：呼唤着中国学人担当东方文化传承发扬的重任，《四库全书》适逢其会。在此契机下，国内掀起了“四库热”，有关《四库全书》的研究再次升温。

然而，遗憾的是，对于大众而言，《四库全书》的浩繁让他们望而生畏，人们既不知其真正要义，价值何在，且无从入手去读。它引领读书治学门径，它的传承文化之旨，也就难以知晓。本书即意在解此困惑，让《四库全书》走下殿堂，走进大众，走入青少年。为他们提供可资传习的读本。

目录

成书篇

思想篇

文本篇

成书篇

一、兰台经纬

文献是传统文化的载体，传统文化是文献的重要内容，传统文化依赖文献记载并保存流传下来。传统文化需要传承，文献记载需要秉笔直书的精神。

每个国家或民族，在与自然的斗争中，形成了各自的传统。这个传统其实是每个国家或民族的特有印记，是它们的标志。这正如饮食习惯，就中国而言，从是否喜好辣椒，可以大致判定是否来自四川、重庆、湖南、江西这几个省；而那些既好辣椒又好花椒者，则必来自四川、重庆无疑。橘生于淮南为橘，生于淮北则为枳。即使同一国家或民族，人们的传统也因地域有所区别。古代燕赵多慷慨激昂之士，江左则多风流俊杰之才。“江左宫商发越，贵于清绮；河朔词义贞刚，重乎气质。气质则理胜其词，清绮则文过其意。理深者便于时用，文华者宜于咏歌。”“南人简约，得其精华。北学深芜，穷其枝叶。”所有这些传统习俗及其影响下的士风文风，都依靠文献流传下来。

对待传统，我们的态度是忠实传承。如何忠实传承？孔子的观点“信而好古，述而不作”是最好的解说。孔子给世人讲自己是笃实热爱传统的君子，只叙述和阐明前人的学说，自己不创作。孔子的话，如今被作为不轻易写文章者的有力论据。他们的论点是孔夫子这样一个大圣人都不写文章，我们写文章干什么。十年磨一剑，十年后功夫到家后再写吧。这些人，言之差矣。孔子口中讲的不是写文章，而是在说自己阐释前人观点或学说时，不加入自己的观点或思想。“作”是革命的意思，是将古人的智慧心得加以陈述，不加入自己的思想。亦即，只是传承古代优秀文化而不作革命，相信而且喜好古代的东西。孔子是中国古代优秀文化的忠实传承者，他认为原汁原味的，才配称传统。不过，前人心得，经孔子娓娓道来，旨明意切，与为文来比，一点不逊色，反而胜过为文。曹植的七步诗，也是作出来而不是写出来的。并且，即使是“述”，只要够经典，就会被记载下来。

孔子的“述”就被记载下来得以传承。当然，这得感谢孔子那些忠师的弟子，他们自觉担当起记载老师言行的职责。这正如我国的史官制度一样，言必书，事必记。话一出口，是要承担被记载的风险的。它的传播速度甚至比自己作文还快。当今一些人，以孔子所言自饰，为自己鲜于写作遮羞。但自己的无华，究能掩盖几分？板凳要坐十年冷，文章不写一句空。既要坐冷板凳，又要天天练笔。这是辩证统一的。述而不作，不是不写文章，而是忠实传承优秀文化传统。加入己见，终未免会妨碍本义。这就是对待传统的一种忠实态度。由此，记载传统是需要秉笔直书的。

“立德、立功、立言”三不朽，立言居最末，似乎容易，却实为最难，能立言者必有德，立了言传之后世，必然有功。而立言的成果多结为文，所以文章的功用不可小觑。古人有识于此，给出了“经纬天地曰文”的定义，视之为“经国之大业，不朽之盛事”（曹丕《典论·论文》），认为“年寿有时而尽，荣乐止乎其身，二者必至之常期，未若文章之无穷。是以古之作者，寄身于翰墨，见意于篇籍。不假良史之辞，不托飞驰之势，而声名自传于后”（曹丕《典论·论文》）。亦即，文章具有经天纬地的功能，是致君尧舜上的凭借。

而修书修史，这种大型文化工程，集成文章，更具备经纬天地的功能。这不但可经纬当下，也关系着未来的经纬。因为，文脉得靠它们来传承。国可灭，史不可灭。国家灭了，史不灭，文化命脉还在，国犹存。所以开馆修书成为历代统治者笼络遗民的工具，遗民为了文化信念，老死文字之中，故而这种笼络的策略被戏称为老英雄术。顾炎武等就是老英雄术下的彀中之物。当然，老英雄术不可一概而论。顾炎武等在文化上认同了清，并从文化认同走向了民族认同，最后思想升华，得出亡国亡天下理论。老英雄术居功至伟。

由此，我们需要注意中国的史学传统。中国悠久的史学传统可以上溯到上古时期。《吕氏春秋·先识》记载夏朝最后一个王夏桀时代的史官终古劝谏夏桀无果，于是放弃劝谏投奔商王。甲骨文里就出现了与“史”相关的字。称史官为“史”“作册”“尹”。只不过，上古的时候，巫史不分。到颛顼绝地通天，才对巫史各自的职责做了区分。不过，之所以区分开了，本意是为了集权的需要，去除这些带有史职的人代天宣言的特权。但它分得并不彻底，仍有残留。史官的职能虽然是修史、记录、保管典籍等工作，但仍带有部分巫的职责，比如观天象、修历法、祭祀、占卜等，往往还是史官在做。如晋献公卜伐骊戎，史官史苏占之，曰：“胜而不吉。”（《国语·晋语》）晋赵鞅卜救郑，遇水适火，占诸史赵、史墨、史龟（《左传·哀公九年》）。既巫又史这种现象，在司马迁时期还存在。司马迁在回复任安的书信中，曾满腹悲怆地说，自己处于巫祝之间，地位相当尴尬。在西汉时期，在学科分类中，史部还没有获得独立地位，代表史书的《春秋》是附属在六艺类中。史官地位低下，实属必然。

西周的史官，沿用商朝的称号，金文里有“作册”“内史”“内史尹”等，人数大大增加，《周礼·春官·宗伯》有大史、小史、内史、外史、御史之称。春秋以后，不仅王室有史官，各诸侯国也有史官的设置。如楚国的左史倚相，熟谙楚国历史，精通楚国《训典》，能读古籍《三坟》《五典》《八索》《九丘》。常以往事劝谏楚君，使之不忘先王之业。楚人遇有疑难，也常向他请教，很受楚国君臣尊敬，誉之为良史、贤者、楚国之宝。赵国有史墨，就连小小的虢国也有史嚣。

西汉之后，随着史学地位的逐步提高，史官职掌分为二途，一则仍称太史，职掌天文星历，隶于太常；此后逐渐发展为司天台、司天监，至明清两代为钦天监。一则开始以别职而专任史事，如东汉明帝时便召集班固、尹敏等史官在兰台、东观专门从事史书的编纂。三国曹魏开始设著作郎为史官专职，南朝齐、梁设撰史学士和撰史著士，北齐始置史馆，以宰相监修国史。史馆制度经北周、隋沿至唐，得到进一步完善和发展。唐贞观三年（629）唐太宗设史馆于禁中，专修国史，由宰相任监修，又以他官兼任纂修，下设修撰或直馆等专职（《旧唐书·职官志》），统称史官。宋承唐制，设史馆于崇文院中，负责保管典籍，纂修国史；后又设国史编修院，专职修史。辽金的史馆制度仿照唐宋，略有变通。元代史馆别具一格，元世祖至元元年（1264）九月立翰林国史院，以翰林学士知制诰兼修国史，下设修撰、编修、检阅等官，翰林学士除应奉文字兼有史职。这种史官制度为明清两代所秉承。（《中华文化通志·典籍志》）

上古巫史不分时期的史官是中国最早的知识分子代表。他们大都拥有秉笔直书的精神。如《左传·宣公二年》载：赵穿杀晋灵公，身为正卿的赵盾没有管，董狐认为赵盾应负责任，便在史策上记载说“赵盾弑其君”，归责于赵盾所杀。后来孔子称赞说：“董狐，古之良史也，书法不隐。”《左传·襄公二十五年》：“太史书曰：‘崔杼弑其君’，崔子杀之。其弟嗣书，而死者二人。其弟又书，乃舍之。南史氏闻太史尽死，执简以往，闻既书矣，乃还。”这个传统被继承下来。所以中国的实录、起居注，是可信的。

与史官相应的是修史机构，即史馆。但史官与史馆的发展并不同步。史官制度，如前所述，很早就有了，但专门的修史机构，却出现得晚。“史馆”一词最早虽然出现在《魏书》，但在唐太宗时才成为独立的修史机构。不过它的源头，却可上溯到汉代的兰台和东观。兰台名始于楚国。楚国有台名兰台，它的上面建有宫殿。汉代保留了兰台这个名字，但内涵却变了。从底层起家的刘邦，他建立的汉朝很重实际，兰台不再有楚国的浪漫与奢华，而变成一个贮藏智慧的地方，并且为永久计，用石头筑成来贮存国家藏书，并且派官员管理。由此中国多了一个官职，即兰台令史，属御史中丞管辖。兰台令史，是通晓苍颉、史籀等篇章的官员，他们既整理公卿奏事，又负责典校秘书或从事撰述，管理国家重要的典籍文书。兰台典藏十分丰富，收录有皇帝诏令、臣僚章奏、地图和郡县计簿等。曾任过兰台令史的有班固、陈宗、尹敏、孟异、刘复、杨终、傅毅、贾逵、孔僖、李尤等，都是当时名士。汉章帝、汉和帝以后，东观收藏渐渐比兰台丰盛，修史于是移入东观。东汉末年，董卓迁都之乱，兰台的档案典籍受到很大损失。迄至魏、晋，御史中丞掌兰台秘书图籍的制度依然存在。

正因为此，功能与兰台相当的唐时的秘书省，曾于唐高宗龙朔年间一度改称兰台。唐代李商隐《无题》：“嗟余听鼓应官去，走马兰台类转蓬”，唐代白居易《秘书省中忆旧山》：“犹喜兰台非傲吏，归时应免动移文”都有提及。

最早对史馆修书的作用做出总结的是刘知几。刘知几在系统考察史官制度的基础上，结合自己史馆修书的切身体验，在《史通》中指出了史馆修书的利弊。史馆修书使史书容括的内容更丰富，但同时史馆修书强化了对史学的控制，容易产生官僚主义，自己的见解难以发挥。史馆成了权贵结党营私的场所，成了官僚主义的衙门，严重限制了史家的个人创造力，并使史书曲笔不实明显突出。他总结的史馆弊端归而有三，即长官意志、曲笔、责任不专，严重堵塞了“一家独断”之路。

这些弊端，私家修史往往能避免。但私修与官修相比，却有力量有限等的遗憾。不过，它的思想的光辉肯定有官修难及的地方。

由此可见，官修与私修各有利弊。国家修书依于长官的意志，有难以发抒自我，成于多手，风格难以一统等积习。私修思想自由，但多有人力、物力、财力匮乏，资料不全等问题。即或如此，自孔子修《春秋》以降，历朝历代都有一批自觉自愿肩负述史资鉴重任的史家，私人修史的传统数千年绵延不绝。东晋常璩修成了《华阳国志》，宋郑樵想修通史，虽然力量有限，最终未成，但修成了《通志》，丝毫不见拙于官修。因此，黑格尔感慨道："中国'历史作家'层出不穷，继续不断，实在是任何民族所比不上的。"①

此外，官方开馆修书，往往在新国成立之初或国家强盛之际。也就是说，官修书籍，有开国修书、盛世修书的传统。要涤除旧朝影响彰显新朝气象，笼络各方，述往事思来者，需要开国修典，如《隋书》《明史》等的纂修。"大混一之时，必有大一统之制作"，这是盛世修书，如《永乐大典》《四库全书》等的编纂。官方修书，促进了文化繁荣，文献兴盛。当然，也如前所述，有曲笔等遗憾，这足可使文化蒙羞，令文献生出瑕疵。如为尊古敬宗而作伪避讳等，为思想一统而篡改删毁等。的确，传统也有不善的地方。当然，这些不善的地方，文献也记载下来。只不过因时代的缘故，记载有多寡的区别，褒贬也因时代不同各异。像夫为妻纲，古人视之为万世可以师法的准则。但它对人性的束缚，致使今人唾弃，被视为糟粕。这是需要剔除的不良传统。

至于私修书籍，可叹可悲的是，古代私家修史者多为郁郁不

① 黑格尔：《历史哲学》（中译本），三联书店1956年版，第16页。

得志之士。

当能人志士经天纬地之业幻为泡影时，文章即成为他们经纬天地的寄托。历史圣贤因发愤而作文者比比皆是，诚如班固所言：“皆意有所郁结，不得通其道，故述往事，思来者。乃如左丘明无目，孙子断足，终不可用，退论书策以舒其愤，思垂空文以自见。”[①]历史上不少杰出人士在他们报国济世的愿望在现实生活中没法实现时，就转而依书策来表达自己的思想。这本是他们无法把握时势的抒愤之举，却往往能取得意想不到的成就，转而使他们成为时势造就的英雄。马克思指出：“如爱尔维修所说的，每一个社会时代都需要有自己的伟大人物，如果没有这样的人物，它就要创造出这样的人物来。”不同时势会缔造不同英雄，“生不逢辰”而郁郁不得志，却往往造就了一批创造撰写千古佳作的史家，孔子、司马迁、常璩等就是其中的一员。

孔子作《春秋》是依照鲁史旧文，考察他们的真伪，“上遵周公遗制，下明将来之法”[②]，其目的在于以鲁史来褒善贬恶，示范将来，自然也显示了作者自己的思考。汉代司马迁作《史记》，太史公“究天人之际，通古今之变，成一家之言……藏之名山，传之其人，通邑大都”[③]的呐喊，穿越时空，他们的光芒至今犹存。范晔“增损东汉一代，自谓无惭良直”。他们成就了自己的名山伟业。

正是中国优良修史传统，中国史籍才具有其他国家所不能比

① 班固著、颜师古疏：《汉书·司马迁传》，中华书局1975年版，第2735页。
② 刘知几著、张振珮笺注：《史通笺注》，贵州人民出版社1985年版，第423页。
③ 班固著、颜师古疏：《汉书·司马迁传》，第2735页。

的丰富性。这不仅表现在数量上，还表现在体裁的多样性与记载的连续性上。早期的史籍撰述很少，多为文献档案之类，主要有记言、记事两种，比较简单，因此史书从属于经书。两汉时期，刘歆《七略》、班固《汉书·艺文志》，都没有史籍一席之位，史籍从属于经部春秋类。魏晋南北朝时期，随着史书编撰形式的多样，以及史学的发展，使得史籍有了独立的地位，西晋荀勖《中经新簿》中所设丙部的“史记”“旧事”“杂事”类，著录的就是史书。荀勖之后，南朝梁人阮孝绪《七录》据史书体裁内容进行了分类，唐初《隋书·经籍志》，则以阮孝绪《七录》为本，分史籍为正史、古史、杂史、霸史、起居注、旧事、职官、仪注、刑法、杂传、地理、谱系、簿录十三类。《唐六典》卷10解释《隋志》所道史部十三类：“一曰正史，以纪纪传表志；二曰古史，以纪编年系事；三曰杂史，以纪异体杂记；四曰霸史，以纪伪朝国史；五曰起居注，以纪人君动止；六曰旧事，以纪律令格式；……十曰杂传，以纪先贤人物；十一曰地理，以纪山川郡国；十二曰谱系，以纪世族继序；十三曰簿录，以纪史策条目。”道出了史书编撰形式和体裁呈现出的多姿多彩的特征。而后，又有唐代史学家刘知几的《史通》所确定的史评体。中晚唐又出现了典制体、会要体史籍。至宋代，又出现了纪事本末体和纲目体史书。到明清，则新生出学案体史籍。古代史书以它们多种多样的形式，丰富的内容，全方位反映了中国社会历史的各个侧面。

又，中国史籍还具有记载的连续性特征，中国的史籍记载从未中断过。这一方面源于史家的自觉性。正是这种自觉性，使他们自觉担当起承续前史的责任；一方面系于史家的创新性。史家固有的历史担当，激发了他们的创新与探索精神，他们敢于秉笔直书，也就敢于改革，推陈出新。因此，他们不是一成不变，固守前人成就。前人已有的成就，是敦促他们更加发奋，赶超前人的动力。他们站在前人的肩膀上，以更大的创作热情，积极探索，不断更新体裁。编年体史籍以时为线，开史书的先河。纪传体史籍以人为纲，确立“正史”地位。纪事本末体史籍以事为脉，合编年纪事之长。此外，还有各具特色的其他体裁史籍。它们相应相和，上下贯通，恢宏磅礴，向世界道出了中华千年风貌。

四库修书，正是对中国史学传统的继承，是典型的盛世修书，是封建时代最大规模的官方开馆修史，它的撰修过程也集中体现了历代开馆修史的利弊。如官方开馆的管理不善的弊病造成的漏洞，四库馆底本屡有丢失，即因四库馆管理不善。即使乾隆亲自下旨严查多次告诫，底本丢失现象也屡禁不绝。此外，还有长官意志严重，言路阻塞，四库馆为汉学家一家之言等弊病。但四库馆人员、资金、资源的充足，保证了修书的顺利进行。修书期间，举国上下无一不受它的风气影响，四库修书，乾隆也寄托了千古文治的期望，想成就自己千古一帝的美名，流芳万世。正如乾隆所言，大者羽翼经训，垂范方来，足备千秋法鉴；小者各自成家，有所发明，助力游艺养心。而天下士子则翘首以盼能得到恩诏入馆的圣旨，视入馆为一生抱负得以发抒的场所。乾隆与他们合力在四库馆完成自己的兰台修书的职责，成就自己经纬天地的使命。

四库修书起于传承文化，修成之后它呈现出的“典籍之总汇，文化之渊薮”的面貌，又的确做到了传承文化。我们要挖掘它的内涵，发挥它的当代价值，以实现它的创造性转化，创新性发展。

二、纪昀其人

纪昀像

纪昀，生于清世宗雍正二年（1724），卒于清仁宗嘉庆十年（1805），字晓岚，一字春帆，晚号石云，河北献县人。乾隆十九年（1754）进士，历任翰林院编修、侍读、侍读学士、兵部侍郎、礼部侍郎、左都御史、兵部尚书、礼部尚书、协办大学士等职。他仕途中唯一的败笔是泄密。因泄密有过一次谪戍乌鲁木齐的经历。不过，这次谪戍对他来讲未必是坏事。

如果不是乾隆决意修纂《四库全书》，纪昀对乌鲁木齐的感观会与他传世诗文所描绘的迥异。乾隆三十三年（1768）的两淮盐引案，纪昀扮演了极不光彩的角色。他为有营私贪污之嫌的儿女亲家两淮盐政卢见曾通风报信，被查知，因此谪戍乌鲁木齐。不过，他谪戍乌鲁木齐仅等于一次沉重的旅行。乾隆三十三年（1768）八月启程，乾隆三十四年（1769）二月抵达乌鲁木齐，乾隆三十五年（1770）乾隆就下诏召他回京。乾隆三十六年（1771）二月初一纪昀正式踏上东归之路，六月抵京。也就是说，纪昀在乌鲁木齐仅待了几个月，对边塞的苦寒并没有切肤之感。理想、斗志、情趣并没有似其他谪戍的人，因年年岁岁的无望守候而泯灭，所以他眼中的乌鲁木齐，大有盛唐之风，笔下多是盛世之下志士能人开疆拓土、报效朝廷的由衷抒发。面对盛世边疆的繁荣，纪昀豪情万丈，感慨山河的壮美，国家统一的强盛，民康物阜，差点忘却了自己是在谪戍。他不无兴奋地赞颂道："夫乌鲁木齐，初西番一小部耳。神武耆定以来，休养生聚仅十余年，而民物之蕃衍丰膴至于如此，此实一统之极盛。昔柳宗元有言'思报国恩，唯有文章'，余虽罪废之余，尝叨预承明之著作，歌咏休明，乃其旧职。今亲履边塞，纂缀见闻，将欲俾寰海外内咸知圣天子威德郅隆，开辟绝徼。龙沙葱雪，古来声教不及者，今已为耕凿弦诵之乡，歌舞游冶之地。用以昭示无极，实所至愿。不但灯前酒下，供友朋之谈助已也。"也写下了"雪地冰天水自流，溶溶直泻苇湖头。残冬曾到唐时垒，两派清波绿似油"，"断壁苔花十里长，何年雄镇控西羌。金瓶舍利行人息，筑塔当从阿育王"等慷慨之句。如果不是谪戍，他会完全沉浸其中，扬鞭驰骋，大抒建功边疆之志的。这慷慨之志与激情，还是被现实，自己的谪戍之身冲淡了不少。但纪昀就是纪昀，谪戍之后，面对谪戍之地，盛世之下的大好河山，他士人的本心，不但没有被消磨掉反而更加强了。这士人的本心，令他即使身处逆境，还是心向朝阙。如此美妙的西域风光，没有自己的勾勒描摹，岂不遗憾。于是这逆境立马被如何改变现状代替，因此，他仍以激昂之调向天下明示，欲以戴罪之身报效朝廷，而且直接道出了报效的途径——文章可经国，文章也可报国。他要用士人的看家本领，即立言补过效命。于是在纪昀的边塞诗文中，除了表达他对谪戍边疆毫无怨言之外，还多出了一番建功立业、表彰盛世的豪情。感由心生，真情所致，本就畅快通透，无抑郁之声，传于当时，也就自然传递出了"声调流美，出入三唐，而叙次风土人物，历历可见，无郁轖愁苦之音，而有春容浑脱之趣”的情调，而且引发有识者向往边疆，关注边疆之念：“今天子神圣威武，自西域底平以来，筑城置吏，引渠屯田，十余年间，生聚丰衍，而乌鲁木齐又天山以北一都会也。读是诗，仰见大朝威德所被，俾遐疏沙砾之场，尽为耕凿弦诵之地，而又得之目击，异乎传闻影响之谈。它日采风谣、志舆地者，将于斯乎征信。夫岂与寻常牵缀土风者，同日而道哉。”①

纪昀的边塞之感，与牵累自己的亲家卢见曾，曾经的流放体会相比，意境大异。卢氏《塞外接家书》一首说：“料来狼狈原应尔，便说平安那当真。”②除了愁苦忧虑之外，无处可闻从容流美之音。当然，这也的确是二人谪戍的真实感受。纪昀流放前全在京城任职，是天子身边的得意门生，哪里有卢氏的宦海沉浮，多历艰险。卢氏所领受的天威无常，纪昀自然无法感受。即使被发配边疆，对纪昀而言，他感受的也只是一次应得的惩戒，皇恩会在不久的某一天很快降临。果然，在圣恩还没有从他记忆中抹掉之际，他就获赦了。

乾隆三十五年（1770），乾隆因四库修书的需要，加以刘统勋的推荐，即恩准纪昀回京。犹如出了一趟远差，天子刻意安排了一次锤炼。从此纪昀一帆风顺，仕途通达。向乾隆推荐他的刘统勋，对纪昀不止一次施以援手了。刘统勋对纪昀的知遇始于纪昀乡试，是纪昀乡试的主考官。而后来纪昀被发配的案件，又恰

① 钱大昕：《潜研堂文集》卷二十六《纪晓岚乌鲁木齐杂诗序》，《四部丛刊初编》第301页，上海书店1989年版，第8页。
② 袁枚《随园诗话》，载于王英志主编《袁枚全集》（三），江苏古籍出版社1993年版，第35页。

是刘统勋负责。纪昀一生的两个官场贵人，除乾隆外，就是刘统勋。纪昀和刘统勋的儿子刘墉关系也不错。一个善文，一个工书，纪昀的诗文常请刘墉书写。二人都喜好砚台，常互赠也互攘夺，并引以为佳话。

他的这种盛世下的谪戍情怀，与他的得意门生洪亮吉谪戍伊犁之思也是不同的。洪亮吉谪戍，有《伊犁日记》《天山客话》传世。二人所作，边塞风情虽有相似之处，但洪亮吉处在盛世之末，已先知先觉地感知到了盛世的衰颓，也就多了为国分忧、革弊振新、防止边患、恢复真正盛世的经世致用的良苦用心。

这次谪戍虽然对纪昀自己来说，感受了大好河山，得到了历练，丰富了阅历，但对他家庭却是颇有影响的。他的长子汝佶因自己流放而大受挫折，萎靡颓废。此间，一见《聊斋志异》，遂把它当作心灵救星，从此沉迷在鬼怪神狐中，再也无心科举。所以他的《阅微草堂笔记》颇见他对《聊斋志异》的厌恶，他的爱妾郭彩符病重之际正是他发配乌鲁木齐之时，虽然挨到他返回，但“最关情处人却不在”。

纪昀、卢见曾、洪亮吉官员的身份，谪戍达到惩戒思过目的即罢。皇恩浩荡，当圣天子需要时，即可东山再起。纪昀的这次谪戍，加以他本身的睿智，使他更懂得变通，更会揣摩圣意。这次谪戍，使他的视野得以开拓，心胸得以开阔。就日后的腾飞而言，这次谪戍是他腾飞必修的前课。就四库修书而言，这次谪戍酝酿了他参与四库修书所需要的包容百家，整齐各派的雄心，成就了四库修书后功成身退，而不至于落得如他的四库馆同事陆费墀那样的结局的智慧。

当然，相对于宦海沉浮的卢见曾、洪亮吉，纪昀无疑是非常幸运的。他所任几乎都是清贵显要之职，且多扈从皇帝，备皇帝顾问，是乾隆身边随身带的文词经学之士。乾隆对他确实恩宠有加，巡视也多带着他。乾隆二十一年（1756）伴驾热河，乾隆二十七年（1762）伴驾南巡，乾隆五十五年（1790）伴驾热河，乾隆四十五年（1780）伴驾第五次南巡，乾隆五十七年（1792）伴驾第六次南巡。乾隆三十九年（1774）因次子犯罪被牵连，处以降职调任，乾隆知道后改判为降三级留任。乾隆五十年（1785）还参加乾隆在乾清宫摆的千叟宴。四库修书期间，虽然多次记过、赔写、罚款，但都无恙。

所以四库修书期间，纪昀对乾隆感激肺腑的一些言语，如“臣唯有勉竭驽骀，益殚葵藿，修明军纪，倍勤考校于五兵；检阅书林，速蒇编摩于《七录》”，“恩荷高深，冀仰酬于万一”[①]等，虽不免阿谀之嫌，但实有感而发，确存真心。毕竟乾隆对他知遇甚隆。历代士人梦寐以求的君臣相和，“致君尧舜上”，纪昀得到了。为知遇之恩，纪昀一生精力尽瘁其中。他恪尽职守完成了乾隆修书宏愿，乾隆给予他的回报是高官厚禄。

四库馆中的几个总纂，唯有纪昀不但善始善终，而且得以达到人生巅峰。当然也只有他既能完成官办学术任务，又能保全。怪不得当今影视剧把他塑造为智慧的化身。不过，纪昀虽凭借自己非凡才气成为乾隆身边文词经学之士，为他随时备用的得心应手的助手，但在政事上却得到了乾隆腐儒之评。但就是纪昀这样

① 纪昀《纪文达公遗集》卷四《恩擢兵部侍郎仍兼文渊阁直阁事恭谢摺子》，清嘉庆七年刻本。

的腐儒，方能把四库修成。

对四库修书，乾隆倾注了高度热情，从征书、修书体例到成书，无不亲览，馆臣宠辱因此不定，四库馆因之也成为时人向往的终南捷径。修书历来为中国士人的最高荣誉，但要在四库修书中保住这份荣誉实属不易。这需要技巧。纪昀就很好把握了这个度。在帝王亲自督查把控下，纪昀不以完全的正统观念对待书籍，能做到一定的学术公正，不愧为大儒。当然，这种公正只能是一定程度上的公正，一旦涉及政治，大儒也只能折中，正所谓“极高明而道中庸”。他能在提要中大谈兼容并包，但实际上却偏好汉学，使四库馆成为汉学发挥的天地，把四库馆建设成了汉学家的大本营。这也正是乾隆所需要的，即四库修书成功迎合了乾隆所需的学术导向。所以，得乾隆腐儒之称的纪昀可谓智识与聪慧的化身。再从乾隆称他是腐儒的情境可知，乾隆如此言说实际上是为了保护他。因为纪昀奉旨调查阿桂姻亲海升殴死妻子吴雅氏的案件，以纪昀为首的一拨人得出的结果是自缢。吴雅氏弟弟不服上告。阿桂、和珅奉旨会同刑部一道勘核，未见缢痕。此案，阿桂被革职留任罚俸五年。而办案有误的纪昀，乾隆却不想查办，甚至道出“纪昀本系无用腐儒，原不足具数，况伊于刑名事件素非谙悉，且目系短视，于检验时未能详悉阅看”之类的话，为他开脱。当然，乾隆最后不得已，还是把他交给刑部议处了。有帝王如此的恩宠，纪昀的回报自然是为完成乾隆交代的任务而不惜肝脑涂地。因此，面对乾隆如此重视的四库修书，纪昀自然一身精力尽瘁其中，不再有大型著作问世。为了乾隆的知遇之恩，纪昀也不阿附和珅。这令他在嘉庆朝，再获荣升，升至协办大学士，礼部尚书，管国子监。纪昀能有这等圆满收官，除人生阅历、睿智外，还得归功于他的躬谨、豁达、宽厚。他每次赴任，必有诗传示同僚，以躬谨相勉。并且他不惮余力，奖掖后学，与当时的在野文坛盟主袁枚，一民间一朝堂，大力提携人才，有“北纪南袁”的美誉。此外，他既学问淹通，又人情练达。所以乾隆的儿子嘉庆有言：“敏而好学可为文，授之以政无不达。”看似与乾隆所语“腐儒”矛盾，实则一致。

由国家图书馆出版社，于2011年影印出版的天津图书馆所藏，纪晓岚删定《四库全书总目》的残存稿本

因此，纪昀一手裁定的《四库全书总目》，呈现给时人后人以颇多复杂性。一方面，纪昀要体现圣朝的宏阔与包容，要整齐百家，奖纳万方，不得偏私任何学术；一方面，纪昀受制于官修，受制于自己的学术好恶，纪昀虽名义上要调和汉宋，但实际上是汉学家；纪昀喜好汉学的笃实谨严、征实不诬，但却不喜欢它过于拘琐，思维发散不够，局于文献难以自拔。所以，对宋学，纪昀也有肯定之处。并且纪昀对于正统，只要从根本上不违背乾隆的大政方针，纪昀并不执着。他会为了己好，收存抄录四库馆弃之不顾的街谈巷语稗官之流书籍，甚至偷偷带回家据为己有。这些思想和文化气质，都通过纪昀裁定提要内容时，在《四库全书总目》之中得到体现。

《四库全书总目》详述古今学术源流、文章体裁的异同分合，“剖析条流，斟酌古今，辨章学术，高挹群言”（余嘉锡《四库提要辨证·序录》）。他分辨汉宋儒术的是非，阐析诗文流派的正伪，主持风会；是集传统批评方法的集大成者，具有纳百川气象的批评风格。在乾隆的总控制下，纪昀既展示我国古代学术文化思想的精髓，又不违乾隆的意旨，一手裁定了《四库全书总目》，传递了18世纪学术文化界的信息，呈现给我们一个广阔的思想文化空间。

时人对纪昀的评价：

“《四库全书提要》《简明目录》皆出公手，大而经史子集，以及医卜词曲之类，其评论抉奥阐幽，词理明正，识力在王仲宝、阮孝绪之上，可谓通儒矣。”

“胸怀坦率、性好滑稽……然骤闻其语，近乎诙谐，过而思之，乃名言也。”[①]

“纪文达平生未尝著书，间为人作序记碑表之属，亦随即弃掷，未尝存稿。或以为言。公曰：‘吾自校理秘书，纵观古今著述，知作者固已大备。后之人竭其心思才力，要不出古人之范围。其自谓过之者，皆不知量之甚者也。’我辈薄植，偶作一二短书杂说，輙姁姁姝姝，有亟于表襮之心，读此能不颜厚。”[②]

“试帖初兴，多尚典赡，纪文达公始变为意格运题，馆阁诸公，每呼此体为纪家诗。”[③]

① 江藩：《汉学师承记·纪昀》，中华书局1985年版，第95页。

② 陈康祺：《郎潜纪闻二笔·纪文达不轻著书之原因》，中华书局1984年版，第428页。

③ 陈康祺：《郎潜纪闻二笔·纪家诗》，第424页。

"乘舆所在，必有文词经学之士"，"稽古淹通，致身靖献。求唯实是。"[①]

《清史稿》赞纪昀："学问渊通。"

清朝乾隆帝："纪昀本系无用腐儒，原不足具数，况伊于刑名事件素非谙悉，且目系短视，于检验时未能详悉阅看。"

嘉庆皇帝御赐碑文："敏而好学可为文，授之以政无不达。"

清朝洪亮吉《续怀人诗十二首·纪尚书昀》："子云笔札君卿舌，当代无人可共论。"

清朝牛应之《雨窗消意录》："纪文达公昀，喜诙谐，朝士多遭侮弄。"

清朝钱泳《履园丛话》："献县纪相国善谐谑，人人共知。"

礼亲王代善之后昭梿《啸亭杂录》评价他："北方之士罕以博雅见称于世者，惟晓岚宗伯无书不读，博览一时。所著《四库全书总要》总汇三千年间典籍，持论简而明，修辞淡而雅，人争服之。今年八十犹好色不衰，日食肉数十斤，终日不啖一粒谷，真奇人也。"

三、四库·全书·《四库全书》

1.何为四库？

四库，本是经史子集四部文献，以及以经史子集四部为序的

① 纪昀：《纪文达公遗集·谕祭文》，清嘉庆七年刻本。

学术学科体系及其知识系统的代称。后来演为以经史子集四部为序的图书分类名称。唐开元时，皇家藏书以甲乙丙丁为序的经史子集四部书各为一库，任命知书官八人分别掌管。总共四部库书，长安、洛阳两京各一本，共一十二万五千九百六十卷。四库由此得名。

文渊阁《四库全书》现藏台北故宫博物院

不过，若究它的渊源，则可发现它经历了漫长的历史演进。先秦时期，庄子、墨子、荀子等对其时学术有七派、三家、六派之分。孔子所确定的六艺，也是对书籍的分类。汉成帝河平三年（前26），汉成帝命刘向整理书籍，编成中国最早的解题目录《别录》，可惜没有成书。刘向的儿子刘歆在他的《别录》基础上，在汉哀帝建平元年（前6）时编成《七略》。《七略》是中国第一部综合性图书目录，比欧洲第一个正式的图书分类表，即1545年瑞士人吉士纳的《万象图书分类法》早1500余年。《七略》把当时藏书分为辑略、六艺略、诸子略、诗赋略、兵书略、术数略、方技略。其中“辑略”是一篇总序，序先秦以来学术简史。所以《七略》其实是六分法。《别录》《七略》都失传了。幸赖班固《汉书·艺文志》流传下来。

到西晋武帝咸宁年间（275—279），秘书监荀勖根据魏元帝秘书郎郑默《中经簿》，以甲、乙、丙、丁四部为序，编写子部先于史部的《中经新簿》。其中，甲部收录六艺、小学，乙部收录古诸子家、近世子家、兵书、兵家、术数，丙部收录史记、旧事、皇览簿、杂事，丁部收录诗赋、图赞、汲冢书。其后，东晋著作郎李充编定《晋元帝四部书目》，重分四部，五经为甲部，史记为乙部，诸子为丙部，诗赋为丁部，才确定以甲乙丙丁为名的经史子集四部顺序。从此，王亮、谢朏、任昉、殷钧撰书目，都循四部之名。到唐初修《隋书·经籍志》时，以经史子集题名为序的四部分类正式确立。到唐玄宗聚书时，甲乙丙丁四库分别对应经史子集四部书籍，于是有了常用来代称四部但内涵外延都高于四部的四库的称谓。其间，即使有如南朝刘宋时的秘书丞《七志》（经典志、诸子志、文翰志、军书志、阴阳志、术艺志、图谱志，附录道经、佛经）、南朝梁时阮孝绪《七录》（经典录、记传录、子兵录、文集录、术伎录、佛法录、仙道录7类）析而为七，祖暅别而为五（经史子集外增术数一部），但因四分法反映了典籍的发展实情，切合学术文化发展的需要，于是官私目录书籍大都以经史子集四部著录。唐以后更成为分类主流。到清代乾隆年间，四部分类法遂发展到顶峰。当然，其间还有其他分类法，如南宋郑樵《通志·艺文略》分经、礼、乐、小学、史、诸子、天文、五行、艺术、医方、类书、文类12大类，大类之下分82小类，442种。清代学者孙星衍《祠堂书目》分为经学、小学、诸子、天文、地理、医律、史学、金石、类书、词赋、书画、小说12类，等等。不过，归而概之，仍可以四分法整合。

中国古代图书分类法的演变：

（1）六分法：西汉刘向、刘歆在受命整理朝廷藏书的工作中创始的六分法，是中国最早的图书分类法。

六艺略：易、书、诗、礼、乐、春秋、论语、孝经、小学9种；

诸子略：儒家、道家、阴阳家、法家、名家、墨家、纵横家、杂家、农家、小说家10种；

诗赋略：赋一（屈原赋之属）、赋二（陆贾赋之属）、赋三（孙卿赋之属）、杂赋、歌诗5种；

兵书略：兵权谋、兵形势、兵阴阳、兵技巧4种；

术数略：天文、历谱、五行、蓍龟、杂占、形法6种；

方技略：医经、经方、房中、神仙4种。

（2）四分法：这种分类法创始于曹魏郑默、西晋荀勖，而完善于东晋的李充，完成于唐魏徵等《隋书·经籍志》。

·西晋荀勖《中经新簿》：

甲部：六艺、小学；

乙部：古诸子家、近世子家、兵书、兵家、术数；

丙部：史记、旧事、皇览簿、杂事；

丁部：诗赋、图赞、汲冢书。

·东晋李充《晋元帝四部书目》：

甲部：五经；

乙部：史籍；

丙部：诸子；

丁部：诗赋。

·唐魏徵等《隋书·经籍志》：

经部：《易》、《书》、《诗》、《礼》、《乐》、《春秋》、《孝经》、《论语》、《纬书》、《小学》；

史部：正史、古史、杂史、霸史、起居注、旧事、职官、仪注、刑法、杂传、地理、谱系、簿录；

子部：儒、道、法、名、墨、纵横、杂、农、小说、兵、天文、历数、五行、医方；

集部：楚辞、别集、总集；

附录　道经：经戒、饵服、房中、符录；

　　　佛经：大乘经、小乘经、杂经、杂疑经、大乘律、小乘律、杂律、大乘论、小乘论、杂论、记。

（注：道经、佛经有类无书，只记总部、卷数，但没有具体书目）

（3）七分法：宋王俭作《七志》，分经典、诸子、文翰、军书、阴阳、术艺、图谱七类。又附佛、道二类，合为九类。

梁阮孝绪作《七录》，也主张七分法。分经典、纪传、子兵、文集、术伎五类，这是内篇；分佛法、仙道二类，这是外篇。合为七类。

·王俭《七志》：

经典志：六艺、小学、史记、杂传；

诸子志：今古诸子；

文翰志：诗赋；

军书志：兵书；

阴阳志：阴阳图纬；

术艺志：方技；

图谱志：地域及图书；

附道、佛。

·梁阮孝绪《七录》：

经典录：六艺；

纪传录：史传；

子兵录：子书、兵书；

文集录：诗赋；

术伎录：数术；

佛法录；

仙道录。

（4）五分法：这是四分法的一种分支形态。

南朝宋文帝元嘉八年（431）谢灵运撰《秘阁四部目录》，另列“佛经”55帙438卷；梁武帝天监四年（505）刘孝标撰《文德殿正御四部及术数书目录》，另列术数方面的书为一部。以上都见存五分法的意向。清张之洞编撰的《书目答问》，在经史子集之外，另立“丛书”之名，是实际上的五分法。

（5）八分法：北宋李淑编撰的《邯郸书目》使用八分法。即在经史子集之外，增加术艺志、画志等四类，合为八类。

（6）十二分法：《孙氏祠堂书目艺术志、画志等》为清孙星衍编撰。孙氏为使自己的藏书不致散失，将它们悉数捐入祠堂作为一族公产。为教导族裔课读而编此目。为便于循序诵习，孙氏按一年十二个月的时历将内外编分为十二部：经学、小学、诸子、天文、地理、医律、史学、金石、类书、词赋、书画、小说。

2.何为“全书”？

“全书”本指内容完整且无残缺的书，出自《颜氏家训·风操》：“但既残缺，非复全书。”宋曾巩《目录序》：“刘向所集次《新序》三十篇，隋唐之世，尚为全书，今可见者十篇而已。”后指整部书、丛书、一人的全集、就某一专题进行全面阐述所编次的书。作为书名，起于赵宋，盛行于明代，清代继承明代的风习，所以沿用。《四库全书》的“全书”，即丛书，是一部各门类及其所属书籍齐全，且这些书籍本身内容也是完整的历代典籍总汇的丛书。

“全书”合之“四库”，即为《四库全书》。亦即《四库全书》是四库体系下，即依照经史子集四部分类齐聚历代典籍的丛书。

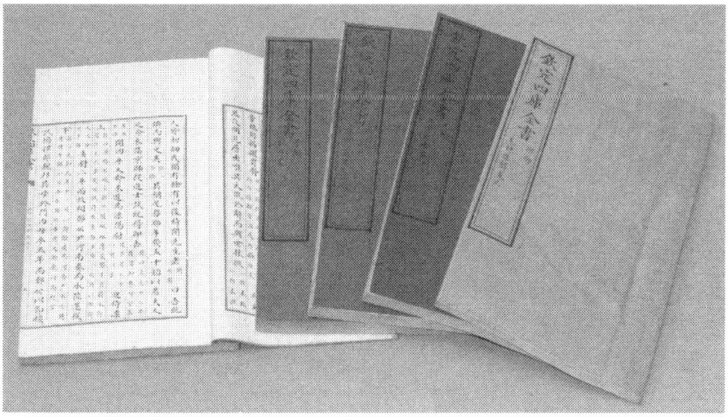

文津阁《四库全书》

3.何为《四库全书》？

《四库全书》，是中国历史上规模最大的丛书，该丛书按照经史子集四部编纂，并以代表春夏秋冬的四色绢面装帧。在乾隆皇帝的主持下，由纪昀领衔编撰，3800多人抄写，耗时20余年（含后续工作时间）编成。原抄成7部，分藏在北京紫禁城皇宫文渊阁、奉天行宫（今辽宁沈阳故宫）文溯阁、北京圆明园文源阁、承德避暑山庄文津阁、江苏镇江金山寺文宗阁、江苏扬州天宁寺文汇阁、浙江杭州圣因寺文澜阁。而赖以纂修《四库全书》的“四库底本”，包括“存目”书以及重本、禁毁书，合计一万数千种藏在翰林院。这7部《四库全书》以所藏地分别命名为文渊阁、文溯阁、文源阁、文津阁、文宗阁、文汇阁、文澜阁《四库全书》。它涵括了中国18世纪及其以前要籍并使之系统化，是中国有文字记载以来所存文献最大规模的一次汇结，是世界历史上独一无二的记忆遗产。现存文渊、文溯、文津、文澜四阁《四库全书》，亟待保护弘扬。

19世纪五六十年代，文汇阁、文宗阁《四库全书》毁于太平天国战火。文澜阁《四库全书》也在同一期间大量散佚，后经补抄才基本恢复原貌。文源阁《四库全书》毁于英法联军之手。藏翰林院的“四库底本”最终毁于 1900 年庚子事变。现存文渊、文溯、文津、文澜四阁《四库全书》，分别贮藏在中国台北故宫博物院、北京市中国国家图书馆、甘肃省兰州市甘肃省图书馆、浙江省杭州市浙江图书馆。《四库全书》在整理总结和保存传承中国历代典籍、文化成果等方面，在中国文化史上达到了前所未有的高度。

《四库全书》共分经史子集4部44类66属，收录了3503种古文献，79337卷，36277册，6144函，103架，2291100页（以上6个数字为陈垣统计文津阁数字），总数约9亿9700万字（民国学者杨家骆统计字数），基本涵盖了中国古代学术知识体系中所有内容。

经部收录儒家“十三经”及相关著作，包括易类、书类、诗类、礼类、春秋类、孝经类、五经总义类、四书类、乐类、小学类10个大类，其中礼类又分周礼、仪礼、礼记、三礼总义、通礼、杂礼书6属，小学类又分训诂、字书、韵书3属。

史部收录史书，包括正史类、编年类、纪事本末类、杂史类、别史类、诏令奏议类、传记类、史钞类、载记类、时令类、地理类、职官类、政书类、目录类、史评类15个大类，其中诏令奏议类又分诏令、奏议2属，传记类又分圣贤、名人、总录、杂录、别录5属，地理类又分宫殿疏、总志、都会郡县、河渠、边防、山川、古迹、杂记、游记、外记10属，职官类又分官制、官箴2属，政书类又分通制、典礼、邦计、军政、法令、考工6属，目录类又分经籍、金石2属。

子部收录诸子百家著作和类书等，包括儒家类、兵家类、法家类、农家类、医家类、天文算法类、术数类、艺术类、谱录类、杂家类、类书类、小说家类、释家类、道家类14大类，其中天文算法类又分推步、算书2属，术数类又分数学、占候、相宅相墓、占卜、命书相书、阴阳五行、杂技7属，艺术类又分书画、琴谱、篆刻、杂技4属，谱录类又分器物、食谱、草木鸟兽虫鱼3属，杂家类又分杂学、杂考、杂说、杂品、杂纂、杂编6

属，小说家类又分杂事、异闻、琐语3属。

集部收录诗文词总集和专集等，包括楚辞、别集、总集、诗文评、词曲5个大类，其中词曲类又分词集、词选、词话、词谱词韵、南北曲5属。

武汉大学出版社1997年出版了153CD图像格式的文渊阁本电子版，1999年香港迪志文化出版有限公司分别与上海人民出版社和香港中文大学在中国大陆及中国香港出版发行电子全文检索版文渊阁《四库全书》。文渊阁《四库全书》的纸质影印版1982—1986年由台湾商务印书馆出版、1987—1989年上海古籍出版社又据台湾商务印书馆影印版重印。2004年鹭江出版社出版了线装本《文渊阁四库全书》。另外，中国国家图书馆所藏的文津阁《四库全书》于2005年由商务印书馆（北京）出版、2014年由商务印书馆（北京）原大原色原样再次影印，浙江图书馆所藏文澜阁《四库全书》2015年由杭州出版社影印出版。

4. 四库全书馆

为编纂《四库全书》，专门设立了修书机构——四库全书馆。四库全书馆设有正总裁、副总裁、总阅官、总纂官、总校官、总目协勘官、督催官、翰林院收掌官、武英殿收掌官、缮书处收掌官、监造官。馆臣合计360人（据任松如《四库全书答问》统计数字）。

正总裁负责全馆事务，副总裁协助正总裁管理馆务。总阅官负责总管阅定各书之事。总纂官负责编书工作，总纂官的下属是纂修官，具体负责编书工作，又分为四种：①校勘《永乐大典》。②校勘各省送到遗书。③黄签考证。④天文算学。总校官，负责校订工作，总校官的下属为分校官，负责校订工作，多由纂修官兼任；又分有篆隶分校官和绘图分校官。督催官，专门负责督促编书、抄书工作。翰林院收掌、武英殿收掌、缮书处收掌，负责三处书籍的进出。监造官，专门负责刊刻印刷装订整理工作。总目协勘官，管理协定全书总目。

此外，还设有翰林院提调官、武英殿提调官，管理提取翰林院、武英殿藏书。

另外专门设缮书处，负责抄书工作。由总校官总负责校对脱误、分校官分任校对。

四库全书馆是《四库全书》的编纂机构。四库馆分为翰林院与武英殿两大系统：翰林院四库馆，即是办理《四库全书》处，而武英殿四库馆，是缮写、分校、刊印、装潢《四库全书》处。《清朝文献通考》："命开四库全书馆于翰林院，遴选儒臣详审编核。又设局于武英殿，专司缮录之事。"从两者的名称即可看出它们的不同职能：办理处是纂办图书的，即下文所说的勘阅编辑；缮写处是缮写图书的，即下文所说的缮写校正。也就是说，四库馆的图书，由翰林院办理处办好后，送到武英殿缮写处缮写、校对。这是四库馆机构的大致构成及运作模式。翰林院、武英殿，再分别按馆职高低、分工层次由上至下排列。至于聚珍馆与荟要处，可以视为武英殿四库馆的附设机构，与四库馆有统属关系，又有相对独立的地位。（可参见郭伯恭《四库全书纂修考》，岳麓书社2010年版；黄爱平《四库全书纂修研究》，人民大学出版社1989年版；张升《四库全书馆研究》，北京师范大学出版社2012年版）

5.《四库全书》的文献来源

《四库全书》的底本有六个来源：①内府本，即政府藏书，包括武英殿等内廷各处藏书。②敕撰本，即清初至乾隆时奉旨编纂的书，包括帝王的著作。有开馆前、开馆后两种，分御定、御批、御制、御注、御选、御编7种。③各省采进本，即各省督抚征集来的图书。④私人进献本，即各省藏书家自动或奉旨进呈的书。⑤通行本，即采自社会上流行的书。⑥《永乐大典》版本，即从《永乐大典》中辑录出来的佚书。

四库馆臣对以上各书提出应抄、应刻、应存的具体意见。应抄之书是认为合格的著作，可以抄入《四库全书》。应刻之书是认为最好的著作，这些著作不仅抄入《四库全书》，而且还应另行刻印，以广流传。应存之书是认为不合格的著作，不能抄入《四库全书》，而在《四库全书总目》中仅存其名，列入存目。对于应抄、应刻的著作，要比较同书异本的差异，选择较好的本子作为底本。一种图书一旦定为四库底本，还要进行一系列加工，飞签、眉批就是加工的产物。飞签也叫夹签，是分校官改正错字、书写初审意见的纸条。这种纸条往往贴于卷内，送呈纂修官复审。纂修官认可，可用朱笔径改原文，否则不作改动。然后送呈总纂官三审，总纂官经过分析之后，可以不同意纂修官的复审意见，而采用分校官的初审意见。三审之后，送呈御览。

内阁分设三处办理书籍：一是红本处，专司办理内阁固有旧书；二是办理《四库全书》处，专司查办各省采进遗书；三是军机处，专司办理各省督抚奏缴进呈书籍。地方则在各省、府、州、县衙门设有收书局，派专门人员负责查办本地区的藏书及书肆的书

（可参见郭伯恭《四库全书纂修考》，岳麓书社2010年版；黄爱平《纂修四库全书研究》，人民大学出版社1989年版）

6.《四库全书总目》

该书自乾隆三十八年（1773）开始编修，至乾隆四十六年（1781）初稿完成。主要有以下版本。

《钦定四库全书总目》（文溯阁本）

（1）浙本。乾隆六十年（1795）十月，浙江布政使谢启昆等刊竣《四库全书总目》二百卷首一卷，浙江学政阮元为之作跋。底本是文澜阁所藏的写本一百二十五册，这是《四库全书总目》最早刻本浙本。文澜阁《四库全书》中的写本《钦定四库全书总目》一百二十五册，析为四部，分置文澜阁《四库全书》四部之首。这些都明明白白记录在嘉庆二十五年（1820）杭州承办盐商吴恒聚等造《文澜阁四库全书书目清册》之中，同时载录的还有《钦定四库全书考证》一百册，亦分隶库书经、史、子、集四部（《钦定重修两浙盐法志·文澜阁图说》：《总目》《考证》二百二十七册）；《钦定四库全书简明目录》八册，置全书之首。三书皆写本。《清册》中没有武英殿刊本或武英殿聚珍本的记载。

（2）殿本。《四库全书总目》二百卷，乾隆四十六年（1781）二月编撰完稿，四十七年（1782）七月修改定稿。拟缮写正本四份，分陈文渊、文源、文津、文溯四阁，同时交付武英殿刊刻颁行。然而，因《四库全书》还没有办竣，还有待撰写提要的尚未告成之书，如《河源纪略》《日下旧闻考》《满洲源流考》《开国方略》《皇朝通典》《通志》《王公大臣表传》《南巡盛典》等，需要依类归入，所以到乾隆五十一年（1786）曹文埴才奏请开始刊刻，并缮写式样。不过，由于政治和技术的因素，《四库全书》的"违碍"书籍不断被发现，如曹文埴上奏后不久即查出李清等人有违禁书籍，加以《四库全书总目》本身又被发现错误，以及类序上有所调整，直至乾隆六十年（1795）十一月才刊竣刷印装潢。《四库全书总目》殿本从基本完稿到武英殿刊刻完工，花了近十五年工夫。如上所述，这期间《总目》一直处于修订、调整状态。殿本与浙本同年刻成，而且浙本还早殿本一个月，所谓"浙本翻刻殿本"之说，纯属向壁虚造。同治七年（1868），广东又以浙本为底本翻刻，是为粤本。

1926年大东书局、1965年中华书局又都以浙本为底本对《四库全书总目》进行了影印。1997年中华书局整理出版简体排印本，定名为《钦定四库全书总目》，以殿本为底本，浙、粤本为参校本，广泛收集研究《四库全书总目》诸家成果，以页下注的形式散入各条，然后对全书加注现代标点。海南出版社1999年版的简体排印本《四库全书总目》，以浙本为底本、殿本为校本，对《四库全书总目》进行了整理，并对有讹误的提要以页下注形式校记校正。河北人民出版社2000年本，它以中华书局1965年影印本为底本。它们都对《四库全书总目》的修订及普及做出了自己的贡献。①

有关《四库全书总目》的研究，二百多年来，蔚为兴盛，至今已独立成学，并有“四库总目学”概念的提出。“四库总目学”，既为“四库学”分支，又是中国古典目录学的重要成员。作为中国古典目录学最高成就的《四库全书总目》，以自己本身的学术分量，在中国古典目录学史上的地位，以及对中国古代学术学科体系及其知识系统的承载，加以自身研究现状，成学是顺理成章的事。

此外，研究《四库全书》的所有问题，无论是《四库全书》修纂的过程，还是《四库全书》收录的情况、抽毁的情况等等，皆与《四库全书总目》相关，《四库全书总目》具体记录了《四库全书》的面貌，如收录图书的种数、卷数和各书的内容、作者、版本等等。《四库全书总目》反映了《四库全书》的学术价值和思想文化内涵，反映了编纂者的评价标准和时代的思想文化烙印等。

总的来说，在《四库全书》上许多未能具体反映出来的问题都可以在《四库全书总目》中得到答案。因此，《四库全书总

① 陈晓华：《“四库总目学”史研究》，商务印书馆2008年版，第51-52页。

目》研究独立成学实为必要，也为必然。而“四库总目学”研究和“四库学”研究是并行不悖的，甚至可以说，要搞好“四库学”的研究，首先必须做好“四库总目学”的研究。

概言之，由《四库全书总目》这部核心著作而引发出来的著述硕果累累，已经形成一个特定学术领域的著作群。亦即，对《四库全书总目》的研究已经延伸发展为一门专学，这门专学就是“四库总目学”（可参见陈晓华《“四库总目学”史研究》，商务印书馆2008年版）。

《四库全书总目》版本情况一览表

出版地	出版者	出版时间	附注
北京	武英殿	清乾隆六十年（1795）	200卷，卷首4卷，武英殿刻本，中国国家图书馆有藏
北京	内府本	清乾隆间	200卷，卷首4卷，写本，发存文渊阁，今随文渊阁《四库全书》藏台北故宫博物院
北京	内府本	清乾隆间	200卷，写本，发存文溯阁，今藏甘肃省图书馆
北京	内府本	清乾隆间	200卷，卷首4卷，写本，原存文澜阁，是为浙刻本底本，今藏浙江图书馆，原本存27卷，余皆补抄
北京	内府本	清乾隆间	200卷，卷首1卷，写本，发存文宗阁，毁于咸丰间
北京	内府本	清乾隆间	200卷，发存文津阁，写本，今藏中国国家图书馆
杭州	浙江	清乾隆五十九至六十年（1794—1795）	200卷，卷首1卷，以文澜阁所藏写本《总目》为底本校刊，浙江学政阮元为之作跋
北京	四库馆	清乾隆间	存63卷，抄本，一说修订稿，是武英殿刻本之底本，48册，线装，今藏中国国家图书馆

续表

出版地	出版者	出版时间	附注
北京	四库馆	清乾隆间	存123卷，稿本，24册，今藏上海图书馆
北京	四库馆	清乾隆间	存143卷，抄本，88册，今藏天津图书馆
北京	四库馆	清乾隆间	存78卷，抄校本，60册，今藏天津图书馆
日本	古香堂、庆元堂	日本文化二年（1805，清嘉庆十年）	刻本，6册，线装，不分卷，只著录书名、卷数、作者，无提要
日本		日本文化十一年（1814，清嘉庆十九年）	重刻清乾隆六十年浙江刻本，6册，线装，无提要
广州	广东书局	清同治七年（1868）	200卷，卷首1卷，刻本，线装，翻刻浙本，据殿本校改，是为粤本
广州	学海堂	清光绪十年（1884）	200卷，卷首1卷，刻本，线装
福建		清光绪二十年（1894）	200卷，卷首4卷，光绪二十年刷印乾隆四十二年福建刻道光同治递修的《武英殿聚珍版书》时，增刻了此种
上海	漱六山庄	清光绪十四年（1888）	200卷，卷首1卷，石印本，线装，与《四库全书简明目录》《四库未收书目提要》合印
上海	点石斋	清光绪二十年（1894）	200卷，卷首1卷，石印本，线装，与《四库未收书目提要》《四库全书简明目录》合印
广州	广雅书局	清光绪二十五年（1899）	200卷，卷首4卷，广雅书局刻《武英殿聚珍版书》之零种，广雅书局所刻的《武英殿聚珍版书》是以清乾隆四十二年福建刻道光同治递修光绪二十年、二十一年增刻本为底本，线装

续表

出版地	出版者	出版时间	附注
上海	存古斋	清宣统二年（1910）	200卷，卷首1卷，石印本
上海	东方图书馆	民国十五年（1926）	200卷，卷首1卷，石印本，牌记“丙寅年重印存古斋藏板”，线装
上海	大东书局	民国十五年（1926）	200卷，卷首1卷，石印本，线装，附《四库未收书目提要》《四库全书总目索引》
上海	大东书局	民国十九年（1930）	200卷，卷首1卷，石印本，线装，附《四库未收书目提要》5卷、陈乃乾编《四库全书总目未收书目索引》4卷、李滋然编《四库全书书目表》4卷编《四库未收书目表》1卷、姚觐元辑《清代禁毁书目四种》
上海	商务印书馆	民国二十年（1931）	铅印，40册，收在王云五主编《万有文库》第一集
沈阳	辽海书社（伪满奉天图书馆据文溯阁本钞校并委托辽海书社印）	民国二十四年（1935）	114卷补遗1卷附录3卷，据文溯阁《四库全书》的书前提要集成，铅印，又名《文溯阁四库全书提要》，线装
北京	中华书局	1965	以浙刻为底本缩小影印，用武英殿刊本和同治七年粤本相较，作校记附后，上下2册，王伯祥断句
台北	台湾商务印书馆	1983	据武英殿刊本缩小影印，5册
北京	中华书局	1965、1981、1987、1995、2003、2016印刷	1965年版再印
台北	艺文印书馆	1989	6册，影印清同治七年广东书局刊本

出版地	出版者	出版时间	附注
北京	中华书局	1997	简体排印本，2册
海口	海南出版社	1999	简体排印本，以浙本为底本、殿本为校本
石家庄	河北人民出版社	2000	4册，以中华书局1965年影印本为底本

四、四库开馆

乾隆与他的臣子纪昀一样，也是幸运的。他没有经历过如他父亲一样激烈的皇储之争，他的储位早早就落定了。他有过被爷爷康熙抚育一段时间的经历，令他比其余兄弟，更多被父亲雍正关注，让他父亲雍正早就定了他的储君之位。他的母亲也很幸运，她是人生大赢家。仅这一个儿子，就使她母凭子贵，从不受宠的妃嫔跃居皇太后的位置。更难得的是，作为儿子的乾隆，可谓中国孝顺的典范。他给了母亲自己所能给的最大尊崇与荣耀，连出巡时也常带着她。为了庆祝自己60岁生日母亲80岁生日，乾隆出巨资建了万佛楼，并写下“六旬庆诞沐慈恩，发帑范成两足尊。数计万因资众举，层看三此建楼骞。香花卜日瞻礼始，福德被民愿力存。设日遐

乾隆帝朝服像

龄祈寿算，肫诚还以祝徽萱”刻于石碑上。

乾隆对母亲至孝，源于他所受的中国传统文化。乾隆受儒家文化影响甚深。既通晓礼义仁智信百善孝为先，君臣父子兄弟夫妻之道，又能实行。他不仅对自己的母亲克尽孝道，对于自己的发妻及其他亲人，他也能以儒家文化待之。对于发妻，乾隆倾注了深情。因为发妻之故，他一生不再去发妻去世之地，并惩治了治丧不力的大臣，以及治丧时悲伤不够的儿子。对于父亲处理党争，对待亲人的过激行为，他登基后，进行了矫正。对于自己的皇室政敌们，他也是宽厚对待，将叔叔允禄免革亲王，只革去亲王双俸及议政大臣等职；欲谋取他的君位的允礽的嫡长子弘皙，只是革去他的爵位，转由他的弟弟承袭；弘升圈禁，弘晈仍留王号，永远住俸。可谓仁义。然而，面对可能的隐患，他也能放弃儒家文化的温情脉脉，处置决绝。他在位初期，就对结朋纳党之首鄂尔泰、张廷玉等人的处理毫不留情。四库修书期间，陆费墀之所以有殒命的结局，完全系于乾隆防范朋党于未然。陆费墀与于敏中过从甚密，刘统勋曾告诫乾隆小心日后四库馆成为朋党再起之所，乾隆自然会留意有结朋倾向者并根除之，以免朋党再起。宋朝欧阳修曾有君子之朋小人之朋之论。不少朝代不能杜绝朋党，只好听任朋党存在。当然，也有乐得朋党存在，以裁夺平衡之为快，以体现帝王的权术。但清朝是绝对不允许朋党存在的。乾隆曾言，清自建伊始，圣圣相承，乾纲独揽，政柄从无旁落。持门户者是私心未化。

对于朱子学，乾隆只是止于尊崇，要的是它有利于统治的一面，于其学术，则颇为不喜。因为朱子学者在朝为朋党，在野为门户。不过，对朱子学的治道，与乾隆是分不开的。在汉学为主的朝堂上，他寻不到朱子学知音之时，他转而求问退休的蔡新，并要他不阿时、不附流，要有己见，分明希望蔡新不弃朱子学，他希冀能听到蔡新讲出自己所需要的朱子学之道。君臣二人并非止于文字好尚的探讨，而是朱子学作为庙堂器具如何作用最大化的国是问题。蔡新曾任过四库馆正总裁，学问以求仁为宗旨，以不动心为核心，行事必以先儒为效。乾隆认为，蔡新这样的朱子学者追根究底，守世远家法，与真理学合，所以很敬重他。

从追根究底、守世远家法来看，作为宋学家的蔡新，既阂于理也明于事，并没有汉学家所批评的浮泛无根的宋学家气象，蔡新也有朱子学者的痼疾。乾隆也是有所失望的，但他没有惩治过蔡新。所以汉学虽然如日中天，但朱子学因其治国器具的功用又不可能不用，故而，蔡新虽为宋学家，但乾隆仍然派他入四库馆。四库馆虽然是汉学家大本营，但汉学是支撑不了思想门户的，只有汉学宋学联手方可造就完美的学术江山。因此，乾隆崇奖汉学，其实是为了朱子学更好地发挥治具的功能。

乾隆就是这样一个艺术家。他通晓儒家文化，但也能弃之不顾。他艺术地安排了他的国事。他为叔伯兄弟平反，以稳定内部。他平衡各方关系，根治了朋党，即使庞大的四库馆，也未能成为刘统勋担心的朋党再起之所。他整合了政治与学术，令四库馆修书完成了学术为政治服务的重任。四库馆组织机构严密，纂修程序井然，四库馆各成员各安其分，各显其能。需要历练但文采斐然的皇子永瑢、永璇、永瑆，被委以重任，成为连接天下才学之士与朝廷的纽带。皇子等于他的化身，他们入馆等于他亲临，无疑向天下昭示了四库馆地位显赫。锻炼文治的和珅、福康安、阿桂被乾隆安排进去了，既然他们不擅长文事，那么监管工作就交由他们完成；需要思过的王太岳、孙士毅、徐步云等被安置进去，既让他们有东山再起的机会，也让他们从修书工作中得到反思。博学多识、思维敏捷、才力富赡的纪昀真正被授予修书之责。戴震等被破格征入四库馆修书。洪亮吉在为四库馆臣邵晋涵故世而撰的《邵学士家传》中讲道："乾隆之初，海宇乂平已百余年，鸿伟瑰特之儒接踵而见，惠征君栋、戴编修震，其学识始足方驾古人。及四库馆之开，君与戴君又首膺其选，由徒步入翰林，于是海内之士知向学者，于惠君则读其书，于君与戴君则亲闻其绪论，向之空谈姓名及从事帖括者，始骎骎然趋实学矣。夫伏而在下，则虽以惠君之学识，不过门徒数十人止矣。及达而在上，其单词只义，即足以歆动一世之士。则今之经学昌明，上之自圣天子启之，下之即谓出于君与戴君讲明切究之力，无不可也。"①开馆修书为一朝盛事，又是中国士人梦寐以求的立言之所，能参与修书，被他们视之为最高荣誉。在乾隆的艺术安排下，四库馆呈现出满汉一家、汉宋兼容、中外一体的气势，显示出时代的宏阔与文物繁盛。乾隆休养生息，整肃吏治，勤政爱民，知人善任，并深谙世事人生，他所作《杂诗》道："水至清无鱼，人至察无徒，无鱼非水德，无徒势云孤。鱼岂离于水，潜渊转江湖，人岂离于世，适将他有图。"不过，到统治后期，乾隆的某些优点已不复存在。贪腐不肃，吏治混乱，好大喜功等等，都在后期爆发。他有两面性，为妻子去世悲哀，但却惩治

① 洪亮吉：《卷施阁文甲集》卷九《邵学士家传》，载《洪北江全集》，光绪三年至五年授经堂重校刊本。

妻子丧事上悲伤不够的儿子。他奖励修书，也罚有过者。修书期间，针对书籍违碍本朝利益之事，下令禁毁大量书籍。同时，他也对扩大化的文字狱有所纠偏。

当然，乾隆也有能力掌握全局。他自小勤奋好学，既吸收本民族文化精华，又汲取蒙汉文化的精髓，文学、史学、经学辞章无不练达，精湛诗文、字画。因此，他自己也完全有能力识断、把控文化。一首《〈日下旧闻考〉题辞》：“重考彝尊书以成，七言权当序而行。名因日下荀鸣鹤，迹逮春明孙北平。罣漏岂无补所阙，淆讹时有校从精。百年熙皞繁文物，似胜三都及两京。”可见其深厚的文化素养。此诗首联表明以朱彝尊《日下旧闻》为基础考证补充，颔联指出《日下旧闻》书名的来历、书的内容，颈联指出纂修《日下旧闻考》意在查漏补阙订讹，尾联赞扬《日下旧闻考》纂修很成功，胜过左思《三都赋》及张衡《两京赋》。典故随时拈来，不着痕迹。如“日下荀鸣鹤”，即西晋荀隐，颍川人。因颍川靠近洛阳，洛阳为西晋都城，所以荀隐自名日下。孙北平，即孙承泽，春明即孙承泽讲述明代北京史地的《春明梦余录》。三都两京都是在用典。短短数笔就把《日下旧闻考》的来龙去脉、价值意义讲清楚，表现出乾隆自己对文化的重视。几部比较重要的书画典籍《石渠宝笈》《西清古鉴》等都是乾隆下旨修纂的。他也把自己的艺术鉴赏能力用在清代的园林艺术上，清代的名园集中体现了他的园林思想，展示了他高超的艺术鉴赏水平。

这样一位帝王，自然会有自己的理想，自然希冀自己超过前人，尤其在文治上，更是希望自己文治武功，功盖古今。何况他的祖父，实实在在给他做过文治的表率。他有幸得祖父的亲自养育，耳濡目染过祖父的韬略。随祖父宫中生活的这段经历，对他影响很深。光大祖父的文治，超过祖父，就是他的一大理想。为了这个理想，他即位之初，就开始准备了。特别是他很重视典籍的修纂。正如乾隆自己所言，他的国家已经重熙累洽一百二十余年，于今文治光昭，远暨山陬海澨，所在经籯书库，藏弆甚多，采掇本非难事，乾隆六年（1741），命廷臣续纂《律吕正义后编》。他续乃祖之志的意向，表现得非常明显。大混一之时必有一统之制作，为辉映自己的“十全武功”，为超越祖父以至前人修书之功，他需要再起一个大型文化工程，不然他会有“朕几余懋学，典册时披，念当文治修明之会，而古今载籍未能搜罗大备，其何以裨艺林而光策府”的今生之叹。乾隆三十七年（1772）正月初四，四库开馆前一年，乾隆曾言：“康熙年间所修《图书集成》，全部兼收并录，极方策之大观。引用诸编，率属因类取裁，势不能悉载全文，使阅者沿流溯源，一一徵其来处。”[①]在他看来，唯有四库集古今载籍，于是他决定四库与全书合一，集合古今典籍，并名之为《四库全书》。所以他明示天下要全面征书，稽古右文，以四库体系整合全书，使治统道统合一，实现大治。古今数千年，宇宙数万里，其间的书虽多，但都不出四库的范围，所以他用四库与全书命名，自己亲自把关御纂书籍，意在以四库体系，汇总当时古今中外典籍，永昭艺林盛轨。

为此，乾隆在四库馆人事方面做了艺术安排。四库开馆，乾

① 永瑢等撰：《四库全书总目》卷首乾隆三十七年正月初四《圣谕》，第1页。

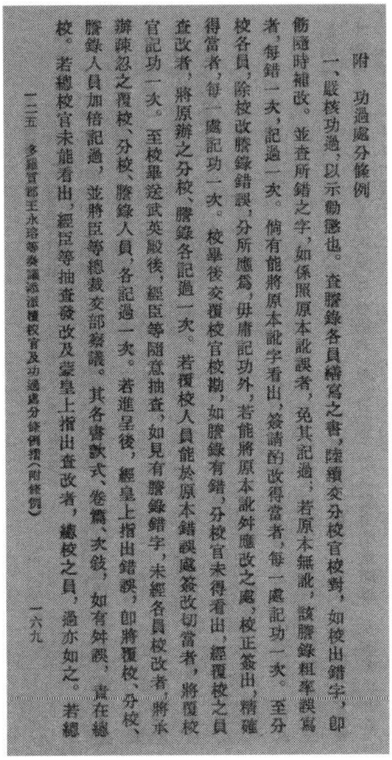

附　功過處分條例

一、嚴核功過，以示勸懲也。查謄錄各員繕寫之書，陸續交分校官校對，如校出錯字，即飭隨時補改。並查所錯之字，如係照原本訛誤者，免其記過；若原本無訛，該謄錄粗率誤寫者，每錯一次，記過一次。倘有能將原本訛字看出，簽請酌改得當者，每一處記功一次。至分校各員，除校改謄錄錯誤，分所應爲，毋庸記功外，若能將原本訛舛應改之處，校正簽出，精確得當者，每一處記功一次。校畢後交覆校官校勘，如謄錄有錯，分校官未得看出，經覆校之員查改者，將原辦之分校、謄錄各記過一次。若覆校人員能於原本錯誤處簽改切當者，將覆校官記功一次。至校畢送武英殿後，經臣等隨意抽查，如見有謄錄錯字，未經各員校改者，將本辦疎忽之覆校、分校、謄錄人員，各記過一次。若進呈後，經皇上指出錯誤，即將覆校、分校、謄錄人員加倍記過，並將臣等總裁交部察議。其各書款式、卷帙、次敍，如有舛誤，責在總校。若總校官未能看出，經臣等抽查發改及蒙皇上指出查改者，總校之員，過亦如之。若總

一二五　多羅質郡王永瑢等奏議添派覆校官及功過處分條例摺(附條例)　一六九

《功过处分条例》（参考《纂修四库全书档案》）

隆选派人员入四库馆。据任松如研究，三百六十名馆臣中，旗人不及六分之一，任正总裁者八人，副总裁者一人，总阅官二人，余者多任督催、收、掌、监造等职。[①]正总裁仅由皇室郡王及大学士兼任，副总裁仅由六部尚书及侍郎兼任。十六个正总裁中永瑢、永璇、永瑆、舒赫德、阿桂、英廉、福隆安、和珅八人为旗人，十个副总裁中金简为旗人，其余总阅有德保、达椿二人。此外，任翰林院提调官有梦吉、德昌、瑞保等，任督催官有祥庆，任翰林院收掌官有安盛额、文英、富廉、舒明阿、明福，任武英殿收掌官有海宁、海福、德明、永清等。由此可见，四库馆中的京籍人员较少且出身贵胄，几乎不参与修纂，入馆对他们来说是清闲的美差。实际任编纂之事者，几乎都是外省人员，他们担任着总纂、纂修、总校、分校等纂修实职。乾隆不愧是一位勤政的皇帝，他非常清楚臣民的才干，也知道如何合理安排任用他们。他指出，翰林纪昀、提调司员陆锡熊，堪总办之任。郎中姚鼐，主事程晋芳、任大椿，学政汪如藻，原任学士降调候补翁方纲，可添派为纂修官。将进士

① 任松如：《四库全书答问》，巴蜀书社1988年版，第10–11页。

余集、邵晋涵、周永年，举人戴震、杨昌霖，调来京，派在分校上行走。命敬一亭收办各类书籍。当然，这样的安排，乾隆是满意的。

一是安排皇子为正总裁。有皇子参与其中，等同身临。馆臣自然加倍用心修书，不敢掉以轻心。而入馆皇子，乾隆是挑选文才了得的皇子入馆的。像永瑢工诗、能书、善画，也通天文、算学，按现在的说法就是文理兼通，这样一个文才兼备者办理修书业务，也就并非外行，且能起到服众的作用。倘若仅仅就一皇子身份，是无以服人才济济的四库之众的。并且第一个入馆的皇子永瑢是在福隆安、刘统勋、裘曰修、张若淮、舒赫德、纪昀、陆锡熊、邵晋涵、戴震、朱筠等在馆之后安排进去的，时间是乾隆三十八年（1773）九月二十四日，当征书由疲软转向有序高速进行时，乾隆派永瑢入馆加强馆务。当征书收效甚微，乾隆亲自过问，为加强馆务，他陆续派亲信得力大臣入馆，但在他看来，这还不足以强调自己的重视，表明自己志在必得，并且为了督促他派入馆的亲信们用力馆事，势必需要一个代表他的人物入馆，那只能是才具颇优堪以服众的皇子。

在四库馆中，永瑢总领馆事，负责拟定各种章程，制定功过处分条例，核实确定奖惩，并安排人员及事务。此外，永瑆，乾隆第十一子。幼工书，精书法，宗欧体，出入于王羲之、王献之中间，刊有《诒晋斋帖》，又创“拨镫法”，悬腕作书，名重一时。与铁保、翁方纲、刘墉并称清代书法四大家。永瑆工诗文，善绘画，喜藏书，著有《听雨屋集》《诒晋斋集》《诒晋斋后集》《诒晋斋随笔》和《苍龙集》等。据《清史稿》载，乾隆诸子多擅文学，尤以永瑆为最，“词章书翰，无愧古人”。乾隆三十一年（1766）五月，乾隆以皇十五子永琰所执扇头有题画诗句，落款为“兄镜泉”三字，系十一阿哥永瑆所书，借此训谕皇子不得效法书生习气而疏于满洲根本。永璇，乾隆第八子。在乾隆四十二年（1777）禁毁书籍的关键阶段，乾隆为加强四库馆的管理，加大修书的力度，永璇被派入四库馆，任正总裁；同年（1777）封仪郡王；嘉庆四年（1799）封亲王，总理吏部。道光十三年（1833）卒，谥慎，著《古训堂诗》，岳父尹继善。后来随着永瑆退出、永瑢去世，永璇职责更重。四库馆历练了永璇。

一是身边欲重用大臣。像蔡新、彭元瑞、纪昀、和珅、福隆安、阿桂等都被乾隆安排入馆。其中蔡新、彭元瑞、纪昀本就才学过人，和珅也是科举正途出身，福安康、阿桂入馆是为锻炼文事，以为大用。除纪昀实际参与纂修外，其余人等全是监管督查之职，以蔡新等高位者入馆，无疑是向天下明示乾隆的重视，使修书工作得以高度重视。此外，因为这些人都是他的亲信大臣，具体馆事交与他们，令自己放心，只需把控全局就可以。

一是破格择用戴震等五位无功名者入馆参与编修工作，以保证编修质量，也表示自己重视修书，使大家致力于修书。另外，乾隆还安排有过大臣入馆戴罪立功，如王太岳等，有罪者入馆，哪敢掉以轻心，自然加强了馆务。这些馆臣，都程度大小不一地获得了皇帝的期许。像纪昀一手校定《四库全书》，成就了一代文治。连乾隆自己也创下了修书规模之最的美誉，完成了“购访遗书，采及儒林著述，以广天禄石渠之储，以隆稽古右文之盛，洵属煌煌巨典”的盛举，达成了文治武功集于一身的宏愿。纪昀曾极尽溢美之词总结道：正是乾隆四库修书，使天下学人得以施展才华、抱负，免去白首不得用的困苦。所以有伏生一样的白首人物也愿意为君王效命，以跃登龙门。

乾隆为实现四库修书顺利，开了四库修书终南捷径之路。曾在三年中，以乡试赐第、会试赐职几百人。当时学风得定，天下人文化成，都是因为四库修书。像王太岳等得以东山再起，就是借助四库修书之力。像洪亮吉得以高中也是四库修书的功劳。陆锡熊、纪昀校书勤勉授为翰林院侍读以示奖励。不过，这个终南捷径对四库馆臣而言，并非都是捷径。

四库修书，四库馆是有记过清单的。这一清单是馆臣们得以奖惩的标准。四库馆臣被处罚的频率是很高的。无论皇子、总裁、副总裁、总纂，无一可幸免。陆费墀被罚赔致死。陆锡熊则惊惧生病而亡。纪昀不时上书检讨自己的错误。乾隆四十七年四月二十四日吏部为知照《四库全书》馆记过人员罚俸事致典籍厅移会，对记过人员一一做出了处理。乾隆四十七年八月初十军机大臣奏查核四月至六月所进书籍错误次数请将总校等交部察议。当然，奖励的时候也不少。如《四库全书总目》提要办竣后，纪昀、陆锡熊以及协勘查校各员等均交部从优议叙。编撰《四库全书表》之大理寺卿陆锡熊、编修吴省兰，着各赏缎二疋、扇一匣、笔一匣、墨一匣。其改定表文之侍郎纪昀，着赏缎一疋、扇一匣、笔一匣、墨一匣。[1]看来，要获得这个捷径实非易事，不

① 中国第一历史档案馆编：《纂修四库全书档案》，上海古籍出版社1997年版，第1606页。

是每个馆臣在这条路上都走得通。

不过，乾隆确实不愧是一代雄主，这么一个庞大的四库馆，令刘统勋担心会成为朋党再聚的场所，乾隆不但在其中能澄清士习，涤除宋儒朋党的风气，做到了杜绝朋党，同时也使儒风更加兴盛。科场也得以肃然，举国慎重科名，遏制住唐士夤缘之窦。正如纪昀所颂扬的：“敦崇道义，俗尽还淳；砥砺廉隅，人思自立。是以滋兰种蕙，才弥取而弥多；映雪囊萤，年益高而益壮。幸登寿宇，得荷荣光。岂非久道之成，俾协汇征之吉与。”①

除得当任用纂修管理人员外，四库抄书人员也非常重要，为此乾隆对如何誊录及誊录者管理做了具体指示。如在京举人、贡监生字画工整者可入选。每人每日一千字，每年扣除三十日，为赴公所领书、交书直暇。计每人每年可写三十三万字，并照各馆五年议叙之例，核其等差。五年期满，能逾十分之三以上者，列为头等，准咨部议叙。其中仅足字数者，次之。若不足数，必须补足，方准咨部。至于需要绘画的书籍，则酌选通晓画法的贡监生等十人做誊录。

关于武英殿承办纸绢、装潢、饭食及监刻工各事宜，添派金简一同经营。

书册要求分四色装订，以方便检阅和散贮，且不必更加外函，以免浆气致蠹。

① 纪昀：《纪晓岚文集》（第1册），河北教育出版社1995年版，第140页。

文渊阁《四库全书》现藏于台北故宫博物院

书名、书籍装帧等，他都一一做了安排。书名定为《四库全书》，封面都用江南织造局提供的特等绫绢，经史子集，颜色各异。经部为绿色，史部为红色，子部为蓝色，集部为黑灰色。它们是用象征四季的颜色来表明类别。

为四库修书，乾隆准备了很多年。他即位之初就下诏征访遗书，并校刊了十三经、二十二史，又开馆纂修了《纲目三编》《通鉴辑览》及三通等书。重要的书籍，四库修书前已经差不多都修纂了。其在位期间，官修书籍100多种，完成了顺治开始编修的《明史》、康熙下令修的《大清一统志》《续文献通考》《皇朝文献通考》《大清会典》《清文鉴》《历象考成后编》《医宗金鉴》《唐宋诗醇》等，文治得以大兴。

当然，乾隆重视文治，也是为了国家万世无疆，自清入关，他就留心文治，以笼络天下之心。这个工作也做得很成功。像黄宗羲、顾炎武等遗民虽然自己不愿意出山，清廷也不强迫他们，但他们的学生子弟纷纷仕清，他们也派学生子弟参与编书、修书，从文化上认可了清廷，实际上就是被成功地笼络了进来。顾炎武更提出了亡国亡天下的理论。不过，即便如此，整个国家文化状况如何，发展到乾隆时期，也必须要做出判定，做出总结了。因为只有这个时期，才是整理文化、总结文化的最佳时期。顺康时期，国家还没有完全一统。雍正时期，朋党问题没有解决。而自清入关开始，为了一统思想，笼络汉族上层，取得文化认同，即着眼学术文化界，在战乱未息之际，就腾出手来征书、修书，但无闲暇清理不利于自己统治的学术文化物。到康熙困扰于朋党问题，打算清理朋党之时起，学术文化领域从此不得安生的命运就已然被决定了。至乾隆四库开馆，经过顺康雍以来的酝酿，对学术文化领域进行整顿，所需要的各种条件完全具备了。但这时到底有多少不利于朝廷的“明季末造野史”和“国初伪妄诗文”等书籍存在，当朝并无明确数字，也无禁书的决心。盛世下的逻辑是修书而非禁书、毁书。至于修书发展到寓禁于征，是各种因素的合力。任松如从“关于本身”“关于宫闱”“关于宗室”“关于种族”“关于党派”“关于思潮”“对于明朝者”“对于清朝者”“出于好胜之心者”“出于猜忌者”十个方面对这做出了总结。

而到四库修书之时，学术文化界也发出了总结的呼声。朱子学退出官学地位之后，势必需要新的官学来代替。官方加以引导的汉学呼之欲出。同时，学界也厌弃了朱子学。汉学正好切合总结之需。既然官方学界共同发出了修书信号，国家实力足以担当修书之任，乾隆自己也欲成就千古文治美名，他当然乐得卖天下一个人情。于是一部号称“前千古而后万年，无斯巨帙”[①]的《四库全书》，被后人誉为方轨长城、运河的文化工程破茧而出。

① 永瑢等撰：《四库全书总目》卷首《进四库全书表》，第10页。

五、修书之起

四库修书，一是得益于盛世，属于典型的盛世修书。

乾隆中期，经过清政府入关以后100多年来的励精图治，国家呈现出繁荣的盛世景象。从疆域上看，康熙三征蒙古、平定三藩之乱、收复台湾。乾隆建十全武功。1747年至1749年的大小金川之战、1755年的平定准噶尔达瓦齐部之战、1755年至1757年的平定准噶尔阿穆尔撒纳之战、1758年平定南疆大小和卓叛乱、1762年至1769年清缅战争、1771年至1776年再平大小金川、1786年至1788年平定台湾林爽文叛乱、1788年至1789年安南之役、1790年至1792年两次征战廓尔喀。乾隆后期，八十二岁的乾隆皇帝在乾隆五十七年（1792）十月初三亲自撰写了《十全记》，记述他一生的“十全”。康熙六十一年（1722），全国人口突破1.5亿，乾隆五十五年（1790）突破3亿大关，约占当时世界人口的三分之一。就经济来说，康熙二十四年（1685），全国共有耕地6亿亩，到乾隆帝去世，全国耕地约为10.5亿亩。手工业如陶瓷、棉纺织业、冶矿业都达到了很高的水平。而文化上，则进入全面总结期，诗词、戏曲、小说，尤其是考据学取得了很高的成就。外交上，清朝继承了汉族王朝的天下观，着眼于怀柔远人和外夷归附，但又严加防范。在康乾时期，向其朝贡的国家有朝鲜、琉球，安南、南掌（老挝）、暹罗（泰国）、缅甸，廓尔喀（尼泊尔）、哲孟雄（锡金）、不丹，浩罕、哈萨克、布鲁特、布哈尔、巴达山克、爱乌罕（阿富汗）、苏禄、博罗尔、玛尔噶朗、坎巨提、安集延、那木干、兰芳共和国等。当时的中国，综合国力强盛，国家安定，经济文化大发展。与此同时，中国学术文化发展至清代，也内在地走向自我批判、总结与整理。盛世下思想学术文化亟待总结的要求，政治经济的保障，以及乾隆个人的喜好，学术界的呼声，使中国传统的盛世修书在这个时候又展示出巨大魅力，催生出继顺康雍之后再次修纂大型书籍的态势。盛世的宏阔是需要鸿篇巨制来充实的，而官方也需要完成时代赋予自己的使命。由此，《四库全书》应运而生。

以《四库全书》的纂修为标志，开始了中国古代进一步对传统学术文化进行全面整理总结的进程。风气发端始于清初诸儒，但是确立规模，蔚成风气，则无疑应自《四库全书》编纂始。四库开馆后，一时学术俊杰汇聚其中，辑佚书于《永乐大典》，理群籍于中秘内府，“辨章学术，考镜源流”，不啻治学风尚的一种无声的典型示范，其移风易俗的力量也是无与伦比的。四库修书后，收藏更为时人崇尚，各类丛书编纂愈发兴盛，古籍整理工作蔚然大兴，所取得的成就远迈前代。

四库修书，一是得益于学术文化自身发展的需要，比如考据学的兴起。

乾隆初年考据学的兴起，有诸多说法，如章太炎文字狱说、梁启超的理学反动说等。考据学的兴起，引发了人们对古代经典的强烈兴趣，辑佚《永乐大典》便是其表现之一。《四库全书》的纂修又推动了乾嘉考据学的发展。在修书过程中，创举颇多，收获了不少新成果并提炼出许多新观点，解答了诸多前人阙疑的问题，给当时及后世极大的启示，影响深远。因四库修书，训诂、笺释了几乎所有的儒家经典。后来，《皇清经解》《续皇清解》得以编成，四库修书奠定的乾嘉汉学的治经功劳，是不可磨灭的。范文澜称："新汉学系经学从考据方面的发展，古代制度文物，经考据学者的研究，艰涩难解的古书，大体可以阅读。因此，新汉学系经学堆积起巨大的考古材料，把封建统治工具的经学，改变成科学的古代社会史、古代哲学史原料看，它自有很高的价值存在。"而由于进一步整理总结工作的需要，辑佚、校勘、注释与辨伪工作都成为当时学术界的重要工作，取得的新成果或新发现也特别显著。清前期到中期的辑佚，主要注重经说，始于惠栋治《易》，兴盛则起于《四库全书》开馆对《永乐大典》的辑佚。他们钩沉索隐，几乎对所有文献搜罗殆尽。当时，辑佚文献数量之多，辑佚门类之广，都是此前任何朝代所无法比拟的，并涌现出一大批著名的辑佚名家。

这一时期是注疏的高峰期，大批语言文字学家云集，大量高质量的注疏经、史、子、集的著作相继问世。这些注疏之作是以总结性面目出现的，几乎集中了历史上的所有疑难，既注释古词、古音，又注释典章史实，是对历史上校勘问题的全面总结。清代的校勘，自顾炎武开其端，其后阎若璩、胡渭等人以毕生之力一意治经，他们成绩已接近乾嘉学者。再后，惠栋、戴震等，提倡考证的精神。在他们的引导下，研究古籍蔚为风气。他们也建立了科学的校勘方法，自四库修书起，校勘进入了全盛期。清代的校勘成就达到前无古人的地步，其中成就最大的是对子书的校勘。从《老子》到《水经注》，几乎校勘子书殆遍，加之所校史书、地理方面的书等达30多种。其中荟萃成编最有价值者，如乾隆时校勘名家卢文弨《群书拾补》、王念孙《读书杂志》等。

同时，总结也上升到了理论高度，如卢文弨、王念孙对校勘法则的总结。卢文弨校勘注重分析规律，揭示原因，注重旧刻众说，但不盲从，多闻阙疑却不妄改，用小学定是非，用音韵勘正误，尽力恢复古书原貌，正是学术互动带来的学术融通的结果。王念孙在对《逸周书》《战国策》《淮南子》《史记》等校勘基础上，博采前人今人之说，却不拘泥；反复推敲，不轻易下结论，也不盲从，疑以阙疑，小心谨慎推寻致误之由，总结出“因字不习见而误者”“因假借而误者”等六十多种条例，并附实例，创前人所无。这一切，既总结了乾嘉校勘理论又开启了乾嘉末学，也影响了后来的梁启超等人。

这个时期是整理文献、校正文字、古文通假、阐明古义最负盛名的时代，除上述卢文弨《群书拾补》、王念孙《读书杂志》外，还有邵晋涵《尔雅正义》、钱坫《尔雅释义》、王引之《经义述闻》《经传释词》等名著问世。

不唯如此，因四库修书也引发对典籍的重新考证浪潮，出现了如钱大昕《廿二史考异》、王鸣盛《十七史商榷》、赵翼《廿二史札记》、洪亮吉《四史发伏》等考证名著。以上书籍，都是四库修书时代激发出的新发现、新成就。总之，四库修书及其前后这段时间，学者广注群经，所注内容远迈前代；校勘古书，即使尤其难读、尤为稀见的古书，也必寻善本，以还本来面目；并敢于疑经惑古，辨证了前人所不敢伪的经书；辑佚了大量失传书籍，开文选楼、抱经堂、拜经楼等超卓前人丛书编纂的新浪潮。

四库修书的直接原因，则起于以下三个方面：一是明末曹学佺倡导集合儒家藏书，如释道二家一样藏书，以使书籍藏之久远，便于传播，引起大家更加关注书籍保存与流通传播问题，关注书籍的命运。而四库修书前，周永年自曹学佺再倡儒藏说，提倡集合儒书，与释藏、道藏鼎足而立。二是乾隆下诏直省督抚学政征求遗书，汇送京师。三是朱筠、王应采奏请校办《永乐大典》，辑佚遗书，但实际上是学术文化发展到总结时期，以及学术与政治的合力的需要。

《钦定古今图书集成》（文溯阁藏）

当然，乾隆超越历代帝王修书功绩，尤其是祖父《钦定古今图书集成》的私意也是不可忽略的。由此，四库纂修文化工程应运而生。修书工程由纪昀、陆锡熊等任总纂官，一时名家硕儒共襄盛事，历时二十余年（含后续工作时间）最终完成。

1.关于儒藏说

有识之士有感于书籍聚散无常，希冀效仿佛道二家藏书，藏之久远。儒藏说产生有深刻的背景。

中国历来有重视读书、藏书的传统。古人做什么事都要有规有则，师出有名。对待读书，也是如此。读书最上乘境界，法相品，缺一不可。倘若读书无法、无相、无品，终是乱读。法相品，颇带有佛家之味。就正统而言，等于化禅入儒，非正道。如此话语，自然要受呵斥。但其实不然，中国文化也是有极大包容性的。所以是非之间的转化空间很大，足够从容进退。对于读书人的法相品，是无人会去非难的。他们要讨论的只是法相品的具体内容。就像韩愈把人分为上、中、下三品，三品中又分上、中、下一样，不同的建议只会是这样分法似乎尚可商榷，因为其他分法也有道理，而不会禁止韩愈就人分品。儒佛道之间来来往往，是不会有被视为异端的危险，反而是以中国文士的雅趣，为中国文化增添一道风景。曹丕就有《典论·论文》，连帝王也加入其间，助力这种风尚。

读书法相品是文士墨客的雅好，是中国独特的文化内涵。那么，读书有哪些方法？各代各朝因人而异，没有固定之法，是无法之法。孔子讲“博学慎思”，陶渊明道“不求甚解”，陆游言“研朱点《周易》，饮酒读《离骚》”，这三个时代的君子，都在讲如何读书，但一个谨严，一个超脱，一个清醒。要万世师法，当然要博学慎思。孔子所道这话恰好符合他万世师表的身份。但以中国文化深厚的底蕴，言有尽而意无穷，不求甚解，也不无道理。陶渊明生活的时代，正是一个高迈超远、玄而又玄的内化时代。要彻底理解透这个时代及其人物的所作所为、所思所感，确实很难。他们会即兴而往、半途而归却不遗憾，会隐而大喜。不必言说的，何必要道破，惹来一身烦绪。就像中国语言一样，讲求韵致与含蓄委婉。于言犹未尽时戛然而止，不正好？这大约是不求甚解的最好注脚。《周易》可以治世救人，读法当然是要“研朱”。《离骚》是愤世的，饮酒方能与屈子相通，读法自然是饮酒，不然就辜负了沉江的屈子。正是病里正须《周易》疗治，醉中却要《离骚》解忧。这才是真正讲透了的，法境相连的读法。哪似今人，今天讲不要死记硬背，明天又说还是要背诵点好。一会儿说祖宗的东西不值得读，一会儿说祖宗的东西是至宝，要这样读那样读。全是跟风，没有点立场。这样的人来教今人如何读书，终是误了今人。

讲法，不是读书的全部，还要有相。读书之相有“红袖添香”“囊萤映雪”，还有“书虫”“如获至宝，尝异味，一段奇快，难以语人”“饥读之以当肉，寒读之以当裘，孤寂读之以当友朋，幽忧而读之以当金石琴瑟”等相。“红袖添香”是古代男子最艳羡的读书之相。夜来读书，正襟危坐，佳人相伴，无论是寒士还是贵公子，他们读书的清苦，从心理上由此减少了许多。当然，有人肯定会说，能享为快燃尽的香炉添香之福的，只有富裕人家的公子。红袖添香应发生在贵胄之家。其实追究是寒士还是贵公子享得这艳福，是不必的。中国词语借代之义无穷，红袖添香由最初意义转而借代女性，为这个词语扩大了外延，不必非限制在添香上，岂不更妙。当然，红袖添香是助力也是反力。这浓浓的诗情画意，只怕误了那些禁不起诱惑的儿郎。而借助雪光读书，则必是贫士读书之相。贫寒如此却如此用功读书，以致流传下词语千古传诵，绝对是读而有成的名人读书之相，无疑为后世贫寒子弟点亮了希望。读书如“书虫”，自然是读到浑然无我之境的读书之相。至于如获至宝、尝异味、难以语人的一段奇快，也是读书忘我的读相。而“饥读之以当肉，寒读之以当裘，孤寂读之以当友朋，幽忧而读之以当金石琴瑟”的读相是书我合一之相。只有真正体味书籍者，才有此等之相。当然，还有些反相，兹不再叙。这些各异之相，造就了各异读书人，境异情别，所获自然不同。

读书还要品。只有品出味道，才不负法与相。就像孔子闻韶乐，三月不知肉味。

正因为对书籍情有独钟的法相品，所以古人好藏书，如法相品一样也各色人等都有，但有一点是一致的，那就是“淫嗜生应不休，痴癖死而后已”。

在印刷术不发达的古代，书籍版刻不易，加之交通不便，流通也不畅，即使像明代胡应麟所言“海内舟车辐辏，筐篚走趋，巨贾所携，故家之蓄，错出其间，故特盛他于处”的京师，以及四库修书期间书籍云聚时期的京城，书籍多而流通迅速也只是相对而言，所以好收藏的古人往往秘书。唐开元时期藏书家杜暹聚书万卷，每部书题上家训“清俸买来手自校，子孙读之知圣道，鬻及借人为不孝”，明代天一阁藏书也是秘不示人的，必须各房聚齐方能开门阅书。这使书籍可以获一时之保，难以世保。因为书籍一旦有灾，就永远不复存在。当然，也有不秘者。这就是那些好藏书也与人共享者。如晋齐王司马攸“好学不倦，借人书，皆治护”，北齐颜之推甚而把这视为士大夫必需的风范，他说：“借人典籍，皆须爱护，先有缺坏，就为补治，此亦士大夫百行之一。”愿意不秘书籍者，还有如向朗“开门接宾，诱纳后进”，南齐崔慰祖“亲自取与，未尝为辞”。不过，这不利于文化

周永年像

传播的秘书之弊，终究是要被打破的。

无论藏书家如何藏，藏书也难以保之百代。中国历史上曾有文献之厄十次。

一方面是藏书家的苦心经营，一方面是天灾、人祸、兵乱使书籍散亡，引发有识者思考如何藏之久远的问题。佛道二家藏书于名山大川，加以保护得法，反而代代相传，少以受到政治兵乱影响。于是有识之士倡导“儒藏说”。自明末曹学佺开始，到四库修书前周永年再次倡导此说，经乾隆四库修书，于是得到落实。

曹学佺，面对书籍藏而不久，书籍错淆、散佚严重等现状，倡议“儒藏说”，希冀儒家藏书仿效佛道藏书获得长久保存之效，其实就是倡议不秘书籍，开公共图书馆的先河。四库修书之一因，就是为了响应公共图书馆的倡议。

四库开馆前后，面对清藏书兴盛的局面，周永年承曹学佺再提“儒藏说”，希冀仿效佛道二家藏书之道来贮藏世俗书籍。四库书藏七阁，把书交给公家妥善储藏管理，其实就是“儒藏说”理论得以实践的表现。如何藏书，一时颇为乾嘉学者关注。

2.下诏征求遗书

御史王应采、安徽学政朱筠上奏乾隆，请求下诏征求遗书。乾隆三十七年（1772）正月初四，乾隆从御史王应采、安徽学政朱筠请下诏求遗书，指出下诏征求遗书的原因，并道明经过自己多年准备，下诏征求遗书条件已经成熟，并制定了征求遗书的标准和原则，即“除坊肆所售举业时文，及民间无用之族谱、尺牍、屏幛、寿言等类，又其人本无实学，不过嫁名驰骛，编刻酬倡诗文，琐碎无当者，均无庸采取外，其历代流传旧书，内有阐明性学治法，关系世道人心者，自当首先购觅。至若发挥传注，考覈典章，旁暨九流百家之言，有裨实用者，亦应备为甄择。又如历代名人，洎本朝士林宿望，向有诗文专集，及近时沈潜经史，原本风雅，如顾栋高、陈祖范、任启运、沈德潜辈，亦各著成编，并非剿说，卮言可比 ，均应概行查明。在坊肆者，或量为给价；家藏者，或官为装印。其有未经镌刊，只系钞本存留，不妨缮录副本，原书给还。并严饬所属，一切善为经理，毋任吏胥借端滋扰。”①以广天禄石渠之藏。同时，乾隆要求在采集图书时，各书叙列目录，注明作者、时代、书中要旨；撰修与《四库全书》相应的提要，以继承发扬《七略》优良传统。

下诏之后，乾隆个人对征书是比较乐观的，在他看来，自己致力于文治，国家文治光昭，全国各地藏书又甚富，征集书籍当不是难事。何况对于私人手中善本书，自己已明令有关部门对于只有抄本者，传抄副本，妥善保管，用完即还，大家无后顾之忧，理应踊跃献书。如有关部门及时率领属员加意搜罗，自当有求必应。但结果是，下诏征书旨意下达已久，却裒集无闻。这令乾隆很生气，于是再下诏速行购访遗书并先将购访情形奏覆。但奏覆的结果，乾隆肯定是不满意的。因为贵州巡抚觉罗图思德上奏称贵州鲜有书籍可供采择，山东巡抚徐绩等上奏只征集到21

① 中国第一历史档案馆编：《纂修四库全书档案》，第2页。

种，直隶总督周元理则只找到书4部，山西巡抚三宝找到符合要求的书仅2部，湖北巡抚陈辉祖未收得合适之书，河南巡抚何煟18部，江西巡抚海成据各司道秉称找到40多部，署理浙江巡抚熊学鹏符合要求的56种，亦即连不存在难以搜集困难的近畿之北五省及书肆最多的江浙等地，也征集不多，原因何在？乾隆据各省奏折分析得出的结论是：一是各督抚等因前后适遇调任，受代因循，未及悉心董率；一是有关部门认为陈编故册，非如民生国计为刻不容缓之图，因以奉行具文，徒致往返迟滞；一是远僻省份，一时难于荟萃。由此，乾隆再三下旨要求臣下体念自己典勤求之至意。不过，乾隆据奏折分析得出的结论是不正确的，他自己是不可能找到正确答案的。究其实，官员观望心理是造成征书迟滞的主要原因。毕竟大家对文字狱是噤若寒蝉的。道破这个天机的是江西巡抚海成。不过，这道破天机的海成最后因修书之累而被判斩监候。

当然，我们知道，四库征书是有标准的，不是什么书都可以入征的。乾隆三十七年十一月初九，山西巡抚三宝上奏购访遗书情形称："嗣据藩司朱珪详称，据各属送到书籍，查有隋文中手《中说》，宋司马光《文集》，明薛瑄《读书录》《读书续录》《从政名言》《文集》等部。虽均系晋省先儒著作，但各书乃坊间流传通有，自非购访所需。"[①]湖北巡抚陈辉祖就说自己对艺林毫无涉猎，可见，有标准、有版本要求的四库征书，加大了征书难度。

① 中国第一历史档案馆编：《纂修四库全书档案》，第11页。

在纂修过程中，为了鼓励官绅士民踊跃献书，乾隆制定了奖励办法。如，奖书。进书五百种以上者，赏《古今图书集成》1部；一百种以上者，赏《佩文韵府》1部。乾隆三十九年（1774）五月十四，赏藏书家鲍士恭、范懋柱、汪启淑、马裕四家《古今图书集成》各1部，周厚堉、蒋曾莹、吴玉墀、孙仰曾、汪汝瑮、黄登贤、纪昀、励守谦、汪如藻等《佩文韵府》初印本各1部。又如，题咏。进书百种以上者，择其中精醇之本，进呈乙览，乾隆亲自评咏，题识简端。纪昀藏《春秋经解》、励守谦藏《长短经》、鲍士恭藏《唐阙史》等均经乾隆题诗，冠于卷首，经题咏者，视之为无上荣光。此外，为了消除天下进呈遗书的顾虑，乾隆也一再申明征书是为了倡扬文化，即使书中有干碍字样等，都不罪及上缴书籍者。

即便如此，面对举国征书效率低下的实情，乾隆不得不做出了让步。乾隆三十八年（1773）三月二十八日，谕内阁传令各督抚予限半年迅速购访遗书。在乾隆一再申令努力下，书籍方陆续上缴。同时，乾隆加派得力人员如福隆安、英廉、张若溎等入馆，以督促保证馆内各项工作顺利高效进行。此举确实颇有成效。乾隆三十八年闰三月十五日，两江总督高晋等奏查无《永乐大典》佚本及访得马裕、袁枚家书籍，同年闰三月二十日高晋等奏续得各家书籍并进呈书目，同年闰三月二十八日为询觅马裕家古书等善本。同年四月初三日大学士刘统勋等奏请令京师藏书家及京官将藏书目录抄送。自此，全国各地有序高效征书工作得以落实，征书工作得以全面展开。江西巡抚海成65部开单进呈，浙江巡抚三宝续获202种并进呈书目，直隶总督周元理奏续得66种并进呈书目，河南巡抚续购获22部并进呈书目。

不过，罪书不罪人的承诺，乾隆并没有遵守。乾隆自身的两面性在对待书籍上也显露无遗。为了文化，可以集全国之力修书，并为之征书；为了政权稳固，则可以不顾文化大义，禁毁书籍。征与禁的转折点是乾隆三十九年（1774）八月，征书工作进入尾声，但书籍触怒了乾隆敏感的神经，书籍就由征转为边禁边征了，文字狱也由此开启。松紧两手被乾隆牢牢掌控。国人未踊跃进献书籍之前，乾隆紧中有松。如李侍尧办理屈大均书籍悖逆一案，屈氏族人屈稔浈、屈昭泗二人实无罪责，但李侍尧却居心叵测地办理二人，定为斩立决。不过，征书初期即有此等莫须有文字狱，会使本就观望的官民彻底泯灭献书热情。故而，乾隆插手处理此案，免除二人罪责，只销毁书籍，以显示自己告示天下的罪书不罪人，消除大家的顾虑。而对于积极响应自己号召，善承旨意的李侍尧，乾隆则大力表彰，树之为办书楷模，要各地督抚学习李侍尧精神。当书籍呈现踊跃上呈之势的时候，乾隆则默许了各地督抚办理书籍时的过当行为。为了彻底清理有碍书籍，前期乾隆催督甚严，一再骂官员收缴不力，办理不力，有的官员被斥为“率以具文塞责”[①]，甚或牵入文字狱中，受到了惩办。可见，为了彻底消除殆尽所谓清廷的忌讳，乾隆是在放纵官员。当然，乾隆在放纵中也有收一收的时候。如果过分过度，场面也很难控制，影响社会稳定。所以，乾隆也惩办了办理书籍过度的官员。

到收缴晚期，对办理过当的案件，乾隆为之平反，但对官员

① 中国第一历史档案馆编：《纂修四库全书档案》，第937页。

们并未严厉惩处。修书已然接近尾声，大局已定，心病已除，最后需要的不过是收拢民心、打扫战场，所以如办理河南祝万青家祠匾及湖南高治清所刻《沧浪乡志》及已故贡生方芬著《涛浣亭诗》案的谭尚忠挨骂并累及各督抚受训斥，但都未有罪责。

办理书籍前期，要求官员尽力征缴书籍，罪书不罪人，既令官方不敢懈怠，又令百姓消除防备心理，积极进献书籍，使书籍查缴度达至最大化。中期则紧中有松，可避免不必要的矛盾激化，所以也惩办处理扩大化的官员，平一些冤狱。晚期则为收场，办理书籍有过的官员以及有所触碍的士民，均得到宽大处理。无论对官员，还是士民，因办理书籍时间前后之别而需要的不同的松紧尺度，乾隆都把握得恰到好处。

3.辑佚《永乐大典》

辑佚《永乐大典》之议起于朱筠，乾隆三十七年（1772）十一月二十五日，安徽学政朱筠上奏朝廷请求辑佚《永乐大典》。《永乐大典》是否值得辑佚，乾隆下旨刘统勋调查。刘统勋派许祖京调查，许祖京调查的结果是虽然甚博，但多是唐以后书，且多隶韵字，割裂散漫，不值得辑佚。不过，虽然上奏率先建议朝廷辑佚《永乐大典》的是朱筠，但朱筠是听从其幕僚章学诚建议的结果。而在朱筠之前还有徐乾学，只不过徐乾学是就刊布秘本而建言的。编纂《佩文韵府》时，查

《永乐大典》

慎行也曾拟奏请查阅《永乐大典》，以资参考。全祖望、纪昀都曾得见《永乐大典》。

不过，朱筠的建议引起乾隆的重视是征书响应寥寥之后。乾隆三十七年（1772）下诏征书的无序及收效的微弱，使朱筠的建议终于得到了朝廷的重视。乾隆三十八年（1773）二月初六，派军机大臣为总裁，校办《永乐大典》，从朱筠请，并命以《古今图书集成》与《永乐大典》互为校核。

乾隆三十八年（1773）二月十一《永乐大典》体例未协，添派王际华、裘曰修为总裁官。乾隆三十八年（1773）二月二十一校办《永乐大典》条例议就，并令将来书编成时定名《四库全书》。

修书应行事宜，曾公布于众悉心酌议，内容如下（摘录其中两条）：

一、《永乐大典》内所有各书，由纂修各员逐日检阅，令他们将已经摘出之书迅速缮写底本，详细校正后，即送总裁官等复加勘定后，分别应刊、应抄、应删三项，其应刊、应抄各本均于勘定后，即赶缮正本进呈，将应刊者，即行次第刊刻，都仿刘向、曾巩等目录序的成例，将各书大旨及著作源流详悉考证，诠疏厓略，列写简端，并编列总目，以昭全备。即应删者，亦存留它们的书名，节叙删汰的缘故，附各部总目后。凡内廷储藏书籍及武英殿官刻诸书，先行开列清单，按照四部分排，汇成副目。此外，或有向系通行并非应访遗书，而从前未归插架者，也应查明开单，另为编录，至于纂辑总目，应俟《永乐大典》采撮完竣及外省遗书开送齐全后，再行汇办进呈。

二、将官刻各种书籍及旧有诸书，先行陆续缮写。凡应写各书，全部在每卷首行写“《钦定四库全书》卷几万、几千、几百、几十”，下注“经部”“史部”字样；次行方写本书名目卷次。但首行卷数，此时难以预定，誊写时暂空数目字样，统俟编辑告成后再行补填，在排纂体制时才能井然不紊。至应写全书，现贮武英殿者居多，所有分写、收发各事宜，应即就武英殿办理。它们未经发写前，有旧刻显然讹误，应行随处改正，及每卷缮竣后并须精加校对，并拟定添派各员及职司。令于每册后副页填写衔名，以便稽核。它们应行酌改字样，必须折中划一，令武英殿提调、翰林陆费墀董司其成。那些交到书篇，随时交武英殿装潢，归库收贮。至收发记档及搬运书籍，分核纸篇，头绪颇繁，均须供事承管，原在殿行走供事仅二名，各有本分应办之事，还清添募十二名承管诸事。俟书成后，将添设处停止。分校各员到殿办事时，也照武英殿翰林给与饭食。至《四库全书》面颜色字样，酌定款式。《永乐大典》每千本为一套，《四库全书》也仿照它的成例装潢，用杉木板为函，以防蠹损。所有事宜都派专人负责。

此外，乾隆的私意，是想核查天下藏书情况，超越祖父、父亲，乃至历代修书之功，成就千古一帝的理想。

六、四库馆开

1.书籍的命运

书籍，是人类智慧的源泉，人类的智慧基因靠它传承，它与生具有经天纬地的功能。由此，它被封建时代历代政府高度重视。统治者以它来引领思想文化，一统思想，治理国家，教化天下，维护社会稳定，推动国家进步。同时，它也是著者爱恨情仇的寄托之所，司马迁等有诉之于文字，藏之名山，以待后世传于通衢大道，以著书立说完成自己不能实现的抱负，不能成就的理想，所以它是有生命的，而且生生不息。即使斯人已逝，但著者的音容笑貌，从字里行间依然清晰可见，故而它无疑也是著者生命的寄托与延续。正因为如此，书籍的命运，是不定的。牛弘和胡应麟，明确论及古代书籍的散亡。隋代牛弘《请开献书之路表》，谈及古代书籍散亡的五件事：

第一次，秦始皇焚书。“及秦皇驭宇，吞灭诸侯，任用威力，事不师古，始下焚书之令，行偶语之刑。先王坟籍，扫地皆尽”。

第二次，王莽时赤眉入关。“至孝成之世……汉之典文，于斯为盛。及王莽之末，长安兵起，宫室图书，并从焚烬”。

第三次，东汉末年董卓迁都。“及孝献移都，吏民扰乱，图书缣帛，皆取为帷囊。所收而西，裁七十余乘。属西京大乱，一时燔荡”。

第四次，西晋末年的“刘、石乱华”。西晋本来是很注意收集和整理图书文献的，其时“虽古文旧简，犹云有缺，新章后录，鸠集已多，足得恢弘正道，训范当世。属刘、石凭陵，京华覆灭，朝章阙典，从而失坠”。

第五次，南朝梁时侯景之乱，元帝自焚藏书。梁时，“总其书数，三万余卷。及侯景渡江，破灭梁室，秘省经籍，虽从兵火，其文德殿内书史，宛然犹存。萧绎据有江陵，遣将破平侯景，收文德之书及公私典籍，重本七万余卷，悉送荆州。故江表图书，因斯尽萃于绎矣。及周师入郢，绎悉焚之于外城，所收十才一二”。[1]

明代胡应麟《论历代书籍存亡》称：“牛弘所论五厄，皆六代前事”，“书自六朝之后，复有五厄”。

第一，“隋开皇之盛极矣，未几皆烬于广陵”，“观此则图籍废兴，大概关系国家气运，岂小小哉”。胡应麟认为图书文献的聚散与国运兴衰有直接关系。

第二，“唐开元之盛极矣，俄顷悉灰灭于安、史”。

第三，唐代，肃、代二宗洊加鸠集，黄巢之乱，复致荡然。

第四、第五，宋代。“宋世图史，一盛于庆历，再盛于宣和，而女真之祸成矣；三盛于淳熙，四盛于嘉定，而蒙古之师至矣”。

以上兵燹。

此外，隋炀焚纬（康有为有研究，可明纬书在史料上的地位），蔡京、秦桧焚野史，元明清诸代，都有类似例子。

总之，封建社会历代书籍散亡可归结四因：一是最高统治者摧残文化的政策。如秦始皇焚书，意在加强文化专制，达到思想一统的目的。一是战争。包括农民战争。一些农民起义领袖及其起义人员无识，不懂得书籍对国家建设的重要意义，攻城略地后，没有很好地保护书籍，导致书籍被毁。北方少数民族统治者的南侵。一些少数民族既对汉文化了解不够，又对汉民族怀有仇

① 《隋书》卷49《牛弘传》，中华书局1973年版，第1298—1299页。

意，占领汉族土地后，对书籍多未加保护，书籍因此多遭受毁灭厄运。统治阶级内部矛盾引起的混战。如梁元帝毁书、安史之乱造成的书籍被毁。一是书籍管理不善。一是书籍质量原因产生的自然淘汰。

到乾隆四库修书期间，书籍又经受了一次挑战。一方面文化总结的大势，要求对全国书籍进行全面普查，进而加以整理。一方面为国家思想一统，长治久安，需要对不利于自己统治的书籍进行清理。但全国到底有多少不利于统治的书籍存在，乾隆并无明确数字。是否要禁书，乾隆也并没有做出决定。不过，既然要了解书籍状况，就有必要征书。乾隆于是下诏全面征书。然而，从议论是否修书到决定修书，并没有间隔多长时间，以至于官民并没有完全准备好，所以在征书令发出很长一段时间内，官民都在观望。为此，乾隆多次下旨，反复强调，只管放手征书，放心献书，不会因书罪人，征书、献书局面才得以改观。

不过，随着所征书越来越多，乾隆的立场动摇了。有扰稳定的书籍超出了他所能接受的程度，于是征书变为边征边禁了，同时也引发了文字狱。当然，当书籍禁毁到一定程度，至少是可以钳制住不利于自己统治书籍的产生，他也开始过问办理书籍过当的事，出面干涉，处理了一些大臣办理过当文字狱，禁中有收。修书后期，也是禁书松弛之期。

不过，从禁书来看，被禁毁的书到底有多少，有以下几种看法："就今所刊，其目已不下三千种"[①]，"十余年中所销毁之

① 邓实：《奏缴咨禁书目跋》，《国粹丛书》本，国学保存会光绪三十三年铅印。

总数，至少当在十万部左右”[①]，“将近三千余种，六七万部以上”[②]，2854种[③]，2629种[④]，3100余种[⑤]、151000部以上、销毁板片8万块以上[⑥]，3236种[⑦]，今排比、综合各书，就个人所见，约略统计共3363种，如此巨大的数目，若不对它们进行补撰，终为文化史上的一件撼事。郑樵曾言：“书之易亡，亦由校雠之人失职故也。盖编次之时，失其名帙，名帙既失，书安得不亡也。”[⑧]虽然《四库全书总目》上缺载的书目不单单因校雠之故，而尽量减少它因名帙失载而带来的书亡，传承传统文化，当是中华学人不可推卸的责任。而如前所述，清廷的禁书、毁书也是引起《四库全书总目》补撰工作的一个重要原因。

2.问世旅程

乾隆三十七年（1772）

正月初四日	乾隆皇帝诏谕内阁着直省督抚学政购访遗书；谕旨要求在采集图书时，各书叙列目录，注明作者、时代、书中要旨
十一月二十五日	安徽学政朱筠奏请购访遗书及校核《永乐大典》，并奏购访遗书情形

乾隆三十八年（1773）

① 郭伯恭：《四库全书纂修考》，上海书店1992年版，第55页。
② 孙殿起：《清代禁书知见录自序》，载姚觐元编、孙殿起辑《清代禁毁书目（补遗）、清代禁书知见录》，上海商务印书馆1957年版，第1页。
③ 统计陈乃乾《索引式的禁书总录》所得数字。
④ 统计雷梦辰《清代各省禁书汇考》所得数字。
⑤ 戴逸：《乾隆帝及其时代》与黄爱平《四库全书纂修研究》（中国人民大学出版社1989年版）均认为禁毁书总数为3100多种。
⑥ 黄爱平：《四库全书纂修研究》，中国人民大学出版社1989年版，第74页。
⑦ 王彬主编《清代禁书总述》，中国书店1999年版。清代大规模集中禁书主要在四库修书期间，因此以这个数字为四库修书禁毁的参考数字。
⑧ 郑樵撰、王树民点校：《通志·校雠略》，中华书局1995年版，第1809页。

二月初六日	大学士刘统勋等奏议覆朱筠所陈采访遗书意见；从朱筠请，派军机大臣为总裁官，校办《永乐大典》，并命以《图书集成》与《永乐大典》互为校核
二月十一日	谕内阁《永乐大典》体例未协，着添派王际华、裘曰修为总裁官详定条例分晰校核
二月二十一日	大学士刘统勋等奏定校核《永乐大典》条例并请拨房添员等事；乾隆皇帝令将来书编成时定名《四库全书》
二月二十八日	谕着富隆安派员经理四库全书处饭食
三月二十三日	谕内阁陆蓉等有愿效力者准其在四库全书处誊录上行走
三月二十八日	谕内阁传令各督抚予限半年迅速购访遗书；谕内阁着英廉充四库全书处副总裁
三月二十九日	寄谕两江总督高晋等于江浙迅速购访遗书
闰三月初三日	谕军机大臣着李质颖查访淮阳马姓等家藏书借抄呈进
闰三月十一日	谕着刘统勋等为四库全书处正总裁张若淮等为副总裁办理四库全书处奏遵旨酌议排纂《四库全书》应行事宜
五月初一日	特诏词臣，详为勘核，釐其应刊、应抄、应存者，系以提要，辑成总目，依经史子集分类；令编《四库全书荟要》，以于敏中、王际华管理其事
六月十六日	谕内阁于敏中等编《日下旧闻考》
七月十一日	谕内阁进士邵晋涵举人戴震如勤勉准其一体散馆殿试酌量录用
八月十八日	谕内阁陆锡熊纪昀校书勤勉着授为翰林院侍读以示奖励
九月十七日	谕内阁舒赫德充国史馆四库全书处正总裁
九月二十一日	谕内阁着朱筠为编修在四库全书处行走
九月二十四日	谕内阁着添派皇八子及蔡新充四库全书处正总裁
九月二十五日	谕内阁四库全书处分纂翁方纲等着分别授为翰林院编修等职
十月初九日	谕内阁着总裁大臣详议校录《四库全书》章程

十月十八日	多罗质郡王永瑢等奏议添派覆校官及《功过处分条例》
十二月初十日	谕着金简充四库全书处副总裁

乾隆三十九年（1774）

二月二十一日	谕内阁圣祖集诗内错字未校出总裁王际华等着交部议处
二月二十三日	多罗质郡王永瑢等奏令郭长发在《四库全书》分校上行走
四月二十五日	谕武英殿现办《四库全书》之活字版着名为武英殿聚珍版
五月十四日	谕内阁赏鲍士恭等《古今图书集成》周厚堉等《佩文韵府》各一部
六月二十五日	谕着杭州织造寅亲往宁波询察天一阁房间书架具样呈览
六月二十六日	谕着舒赫德查明遗失《永乐大典》实情并各省书籍毋许携往私家
七月十八日	谕内阁着各督抚监政将捒存不解之书先行发还
	寄谕署步军统领英廉密缉偷窃《永乐大典》正贼并覆奏访缉情形
	寄谕四库全书处总裁各省进到遗书及翰林院贮书不许私携出外
七月二十五日	谕内阁着四库全书处总裁等将藏书人姓名附载与各书提要末并另编简明书目
八月初五日	寄谕各督抚查办违碍书籍即行具奏
八月十九日	谕内阁着考官曹秀先生等于乡试落卷内挑取誊录备用
十月十八日	谕内阁四库全书处进呈各书疵谬叠出总裁蔡新等着交部察议
十月十九日	谕内阁程景伊嵇璜充四库全书处总裁

十一月初九日	寄谕各督抚再行晓谕如有违碍书不缴后经发觉以隐匿治罪
十一月初十日	谕各督抚再行晓谕如有悖谬不缴日后发觉不复清宥
十一月十三日	谕内阁陆费墀勤勉着以翰林院侍读升用以示鼓励
十二月初三日	谕内阁所有王士正之名着改为王世祯各馆书籍一体照改
十二月二十三日	寄谕陈辉祖并各督抚查明如有应禁书版片即解京销毁

本年下诏建文津阁及文源阁

乾隆四十年（1775）

文渊阁（今）

正月初九日	寄谕各督抚海成搜罗遗书所办周到着各省照式妥办
二月初七日	谕内阁黄寿龄将书携归情尚可原着从宽罚俸三年
三月三十日	寄谕广西巡抚熊学鹏所查高熊征陆显仁书非悖逆释放其子孙
四月二十八日	谕内阁散馆之庶吉士黄寿龄等着分别授为编修检讨
五月十五日	谕内阁将《明纪纲目》改纂其原书着查缴
五月十八日	谕内阁改编《明纪纲目》着仿照《通鉴辑览》办理并查改《明史》对音讹舛之处
五月二十四日	谕内阁杨昌霖在四库全书馆编校实心着授为翰林院庶吉士
九月初六日	谕准励守谦自备资斧在四库全书处纂修上效力行走

十月十四日	寄谕护理贵州巡抚韦谦恒将违禁书发还书局实属乖谬着明白回奏
闰十月十二日	谕内阁纪昀于全书总纂事务尽心出力嗣后遇缺一体开列
闰十月十八日	寄谕高晋等查缴《偏行堂集》《皇明实纪》《喜逢春传奇》书版
闰十月十九日	寄谕李侍尧等查缴《皇明实纪》《偏行堂集》并椎碎澹归碑石
闰十月二十三日	寄谕弘晌等确查函可在沈阳有无占寺支派及北刻字迹留存
闰十月二十五日	谕内阁《明纪辑略》不必禁毁并着撮叙唐桂二王及死事诸臣本末事迹刊附《通鉴辑览》之末
十一月十六日	谕内阁《学易集》等有青词一体迹涉异端抄本姑存刊刻从删
十一月二十一日	谕内阁准刘纯炜在四库全书馆校上行走

本年文津阁及文源阁建成

乾隆四十一年（1776）

三月二十日	谕内阁着董诰充四库全书馆副总裁接办《荟要》事务
	谕内阁王际华遽尔溘逝着晋赠太子太保
五月二十六日	谕内阁此次召试二等各生愿效力者准其四库全书誊录上行走
六月初三日	谕内阁着大学士会同吏部翰林院议定文渊阁官制及赴个观览章程
七月初六日	谕着大学士舒赫德于敏中等以原衔分充文渊阁领阁直阁事等
七月二十六日	谕内阁《三国志》内关帝之谥着改为忠义
九月二十一日	谕内阁着朱世德在四库全书誊录上行走
	谕内阁赏给韦谦恒编修在四库全书处行走
九月二十四日	谕内阁着沈初钱汝诚刘墉充四库全书处总裁
九月三十日	谕内阁着总裁等编刊《四库全书考证》
十一月十六日	谕内阁明人刘宗周等书集只须删改毋庸销毁

十二月初一日	谕杨魁将《国朝诗别裁集》原板及未删定之原本查明解缴
十二月初三日	谕内阁着国史馆总裁于国史内另立《贰臣传》一门
十二月十三日	寄谕两江总督高晋等严饬所属加意搜查违禁书籍

乾隆四十二年（1777）

二月初八日	谕内阁梁国治着充四库全书处副总裁
三月十二日	谕内阁王太岳着在四库全书处总纂上行走
三月二十四日	谕内阁所有进过书籍讹错之处着军机大臣每三月查核一次奏交部议处
四月初六日	谕嗣后每次总校均照例不必积算如此欲各令心知愧勉
四月初七日	寄谕浙江巡抚三宝查询朱彝尊《经义考》藏板之家
四月十二日	寄谕各省督抚盐政各省进到书馆校办完竣给还藏书之家
五月初八日	谕《元史》《辽史》等各书仍着于敏中同原派大臣等阅办
五月十三日	谕内阁所有《明史・本纪》着英廉等将原本逐一考核添修
五月二十日	谕内阁英廉着四库全书馆总裁
五月二十七日	谕内阁着派皇八子等分与应校之书同总裁一体校勘
六月二十八日	谕派于敏中同英廉钱汝诚阅办《西域国志》《日下旧闻考》
六月二十九日	寄谕山西巡抚巴延三并各省督抚监政所缴之书分别开单奏明
七月十二日	谕两淮监政寅着总商江广达等访购书籍着留储馆阁马裕藏书仍发还
七月十七日	谕大学士阿桂着充国史馆及四库全书馆正总裁
七月十九日	谕大学士阿桂着充文渊阁另阁事
七月二十三日	谕嗣后总裁应议者仍令罚俸半年总校等止须罚俸三月
七月二十五日	谕内阁办理《四库全书》并《荟要》所用誊录于京闱乡试落卷中择取
八月十八日	谕曹锡宝着四库全书馆行走

八月十九日	寄谕各省督抚派教官赴原籍清检违碍各书
	谕在京大臣等呈进书籍亦着发还本家及全书告竣后另缮一分贮之翰林院
八月二十一日	谕于本科京闱乡试落卷内挑取誊录交梁国治等阅看
十月初七日	谕内阁汉武帝不得直书其名着将《北史》等书内“汉彻”改为“汉武”
十月二十一日	寄谕江西巡抚海成等速将王锡侯解京严审并搜查其家及流传各省书板
十月二十三日	寄谕江西巡抚并各省督抚实力速办《字贯》一案
	谕王杰着充四库全书馆及三通馆副总裁
十月二十六日	谕内阁海成不知有尊君亲上之义着交部严加议处
十一月初六日	寄谕山东巡抚郝硕赴江西新任并差人将革抚海成送京
十一月十二日	谕两江总督高晋赴江西传旨将海成摘印派员解京
	谕内阁将海成交部严加议处其江西巡抚员缺着郝硕调补
十一月十四日	谕内阁《宗泽集》等书内“夷”“狄”二字毋庸改易并将其总裁等交部分别议处
十一月十八日	寄谕两江总督高晋等饬属访查《字贯》及相类悖逆书籍
十一月二十五日	寄谕江苏巡抚杨魁遣员至史奕昂家传旨呈缴王锡侯著书
	谕内阁嗣后四库馆校阅各书着照程景伊奏章办理
十一月二十八日	谕王锡侯着从宽改为斩决

本年文渊阁建成

乾隆四十三年（1778）

正月初十日	寄谕江西巡抚郝硕即速确查王锡侯《字贯》一案失查人员
正月十四日	谕内阁纂订《热河全志》仍于山庄内肇建文津阁庋贮《四库全书》
正月三十日	谕内阁郝硕折参失察《字贯》之府县各员俱不必革职治罪

二月二十三日	谕内阁国泰审办王仲智收藏不法书籍案殊属过当着交部察议
二月二十九日	谕办理《四库全书》出力人员梦吉陆费墀等着分别升用授职与赏赐
	谕内阁在四库全书处行走之王太岳着为翰林院检讨
三月二十七日	谕内阁嗣后阿哥等校书错误亦应一体查核处分
四月初五日	谕内阁嗣后所办各书遇本朝人名着各馆总裁等详考《实录》为准
四月初十日	谕内阁吴省兰等在四库馆校书得力着准与本科中式举人一体殿试
四月二十九日	谕内阁此次散馆庶吉士戴心亨等着分别授职其改部各员内原办书者仍兼馆行走
五月初六日	谕以部属用散馆庶吉士梁上国等着再留馆三年
五月十七日	谕内阁检讨王太岳在四库馆行走勤勉着加恩改为革职留任
五月二十六日	谕内阁礼部尚书钟音着充四库全书馆副总裁
	谕《日下旧闻考》内京畿各门查核事着胡季堂协同办理
	谕四库馆奏清釐冒籍事着军机大臣会同顺天府查办
	寄谕各省督抚访查周乃祺所撰《历志》一书送京销毁
	谕内阁严饬总裁等嗣后务宜悉心校勘毋再因循干咎
闰六月十五日	谕内阁着添派金简办理《四库全书荟要》
闰六月十七日	寄谕江西巡抚郝硕并各省督抚确查《六柳堂集》解京销毁
闰六月十九日	寄谕各省督抚务须实力查办违碍书籍
七月初五日	谕钟音承办缮写《四库全书》所用纸张着加恩赴部支领
七月十八日	谕内阁本年选拔贡生已经考试各生准其呈明充当誊录
八月二十七日	寄谕两江总督高晋等确查徐述夔殷宝山案并着明白回奏及查参该管各官
八月二十八日	寄谕两江总督萨载等殷宝山情罪重大着即严行解京审讯

九月初七日	寄谕署两江总督萨载等将徐食田解京审讯并严搜其家
九月十三日	谕江宁布政使陶易于徐述夔悖逆诗词案延误塞责着即行回奏
	寄谕两江总督萨载等派员严行搜查徐述夔诗文并将徐食田等即速解京
	寄谕两江总督高晋不能早为查出徐述夔逆书着即速明白回奏
九月十四日	寄谕署两江总督萨载等详查徐食田陶易有无捏改呈首月日情节
九月十六日	谕内阁陶易谢启昆涂跃龙着革职解京定拟
	寄谕署两江总督萨载等派员将陶易等隔别解京严讯
九月三十日	寄谕署两江总督萨载等将保定纬沈澜隔别解京交部讯究
十月初四日	谕内阁《开国方略》着大学士阿桂同办
十月十五日	寄谕各省督抚实力访查《一柱楼诗》等应毁各书
	寄谕江苏巡抚杨魁查明沈德潜子嗣及家藏逆书情形
十月十八日	寄谕署两江总督萨载等将陆琰查拏销押解京
十一月初一日	谕内阁着通谕各督抚予限二年实力查缴违碍书籍
十一月二十一日	寄谕江西巡抚郝硕等查明刘峩刷卖《圣讳实录》一案
十一月二十七日	谕内阁将沈德潜所有官爵及官衔谥典尽行革去
十二月初九日	寄谕各省督抚严查《九十九筹》一书及板片解京销毁

本年五月《四库全书荟要》第一份抄成贮坤宁宫御花园之摛藻堂

乾隆四十四年（1779）

正月二十九日	谕所有陶汝乃黎元宽各项书集均着行查销毁其子孙加恩免罪
二月初一日	谕着永璇等充四库全书馆正总裁谢墉等充总阅
二月初三日	谕内阁现充文渊阁检阅人员于朕御临时应行站班
二月初六日	谕嗣后四库馆效力年满议叙人员着严加考试分别核办
二月十五日	谕程景伊徐立纲等着分别罚俸六个月或三个月

二月二十五日	谕内阁着将明人违碍书籍匡救时艰诸疏选择编为《明季奏疏》
三月十六日	寄谕署湖广总督郑大进办理冯王孙著《五经简咏》一案
四月二十二日	谕曹锡龄着加二级许烺着加一级
五月初二日	寄谕湖南巡抚李湖等严讯沈荣英等呈缴《硕果录》等书案
五月二十五日	谕王燕绪着加恩授为翰林院编修仓圣脈等分别议叙
	谕着现充四库馆誊录之各省生员归入皿字号应顺天乡试
六月十三日	谕着添派曹文埴阅办《大清一统志》
七月十八日	寄谕湖南巡抚李湖不必查办《青铜自考》一书
七月二十九日	谕内阁着国使馆会同理藩院编辑各蒙古扎萨克功绩表传
八月初八日	谕校阅全书错误值倪承宽等着分别罚俸或销去记录
八月三十日	谕温常绶罚俸三个月之处着注与记录抵消
十月二十七日	军机大臣拟赏四库全书馆哈密瓜人员名数单
十一月十七日	谕校阅全书错误之皇八子永璇着罚尚书俸六个月等事
十一月二十四日	寄谕各省督抚将志乘所载应禁诗文及著者事实概行删节
十二月初十日	谕着梁国治同办《日下旧闻考》
十二月十一日	添派和绅等同办《辽史》《元史》、添派王杰等同办《明史》
	谕着程景伊曹文埴分别充三通馆正副总裁
十二月二十日	谕着程景伊王杰分充国史馆正副总裁

本年文宗阁建成。《四库全书荟要》于年底抄成贮圆明园之味腴书屋

乾隆四十五年（1780）

三月十六日	谕内阁陆费墀着解任交英廉等审讯并着英廉另简派提调
三月二十三日	谕陈昌齐罚俸三个月之处着注与记录抵消
五月十六日	寄谕各省督抚严查《碧落后人诗》《约亭遗诗》解京销毁

五月十九日	谕孙士毅免发伊犁着在全书处自备资斧效力赎罪
五月二十八日	谕陆费墀着从宽开复仍交部议处购觅赔补所失各书
六月十一日	谕校书错误之总裁程景伊王杰等着分别罚俸
六月二十二日	谕陆费墀因遗失全书底本着销去加一级免其降调
七月初一日	谕孙士毅着赏给翰林院编修并进呈书籍与纪昀等一同列名
九月初四日	谕校书错误之皇十一子永瑆等着分别罚俸
九月十一日	谕内阁嵇璜着兼文渊阁领阁事并充国史馆总裁
九月十七日	谕内阁着派纪昀等详细考证内外官职纂成《历代职官表》
十月十五日	谕内阁和绅着充四库馆正总裁
十月二十二日	谕未详查《日下旧闻考》错误之蔡廷衡等着分别罚俸
十一月十一日	谕着一体饬查演戏剧本并传谕伊龄阿全德留心查察
十一月十五日	谕着韦谦恒等以原衔充文渊阁校理等事
十一月二十七日	谕校书错误之总裁总阅等着分别罚俸
	谕未看出《青霞集》空格未填之仓圣脈等着降级调用
十一月二十八日	寄谕各省督抚留心查办外间流传剧本

本年文汇阁建成

乾隆四十六年（1781）

二月十三日	奉上谕，《四库全书》总裁奏进所办《四库全书总目》提要
	《四库全书总目》初稿办竣。旋即谕内阁将列朝御纂各书分别各家著撰之前并将御题四库诸书诗文从总目卷首撤出
二月十五日	谕内阁所有《四库全书》各部俱各按撰述人先后依次编纂

二月十六日	谕内阁《总目提要》办竣总纂官纪昀陆锡熊等交部从优议叙
二月十八日	谕着嵇璜沈初分充三通馆总裁副总裁
五月二十六日	谕皇八子永璇等着分别罚俸或销去记录抵消
	谕着添派和绅同办《日下旧闻考》
闰五月二十七日	谕《乐善堂全集》定本毋庸补入此序《蔡世远文集》照旧缮录
八月初三日	谕内阁《开国方略》书成后着交武英殿刊刻并写入《四库全书》
八月初六日	谕明泰着加一级记录二次
九月初六日	谕校书错误之皇八字永璇等俱着分别罚俸或注于记录抵消
九月二十一日	谕《盛京通志》字画错误总裁福隆安等着分别罚俸或注于记录抵消
十月十六日	谕内阁《契丹国志》体例书法讹谬着纪昀等依例改纂
十月二十六日	军机大臣和绅等奏辽金元三史办理全竣
十一月初三日	谕内阁纂修辽金元史之呈麟等准以在京应升之缺分别叙用
十一月初六日	谕内阁所有《美人八咏》诗并似此者一并从全书撤出
十一月二十二日	谕校书错误之总裁嵇璜等着分别罚俸或于记录抵消
十二月初六日	谕内阁全书第一分完竣所有总校等着总裁查明咨部照例议叙
十二月十七日	谕内阁《永乐大典》内散篇全数完竣该总纂等应予议叙

本年十二月文渊阁《四库全书》告成

乾隆四十七年（1782）

文溯阁（今）

正月二十九日	谕孙士毅着补授太常寺少卿等议叙事
二月初二日	御文渊阁赐《四库全书》总裁等官宴并赏赐有差
三月二十四日	谕不行敬谨全避庙讳之吴省兰着销去记录四次免其降级
四月十五日	谕辽金元三史承办官平恕等俱着加一级记录三次
六月初三日	谕广西巡抚朱椿等不必查办回教书籍
七月初五日	谕内阁卓天柱因两目青盲着从宽改为应斩监后秋后问斩
七月初八日	谕内阁着交四库馆再缮写全书三分安置扬州文汇阁等处
	寄谕闽浙总督陈辉祖等着江浙商人捐建文澜阁并添置三阁（文宗、文汇、文澜）书格
七月十九日	永瑢等奏《四库全书总目》编次改定、《四库全书简明目录》告竣呈览请旨陈设刊行，此后，《四库全书总目》随《四库全书》的抽毁删补而不断增删补订
七月二十日	谕编撰《四库全书表》之陆锡熊等着各赏缎疋等物
八月初四日	谕内阁王杰着仍充四库馆副总裁
九月初一日	寄谕闽浙总督陈辉祖允准商总等捐建文澜阁催觅书手仍用官帑
十月十一日	寄谕各省督抚务须留心体察四库馆议叙分发人员毋稍姑容

十月三十日	谕内阁《明臣奏议》体例乖舛着将六阿哥等交部议处并另行编次，后于十一月二十日下令除六阿哥等罚俸之外其余人等免其议处
十一月十五日	军机大臣奏历次进呈文溯阁全书指出讹错处即行挖补或换篇片
十一月二十八日	多罗质郡王永瑢奏报第二份应缮全书缮校全竣
	谕第二份全书校缮完竣总校王燕绪等着加恩授职
十二月初十日	军机大臣福隆安等奏请将阅过全毁抽毁各书摘开书目刊行片

本年文溯阁建成，十一月文溯阁《四库全书》告成

乾隆四十八年（1783）

二月初五日	《日下旧闻考》告竣，谕所有誊录供事等准其议叙
二月初八日	《满洲源流考》告竣所有各官等准其议叙
五月初二日	谕内阁福隆安气体微弱者着派八阿哥永璇管理清字经馆及全书馆
八月初三日	谕《开国方略》书成后交武英殿刊刻并写入《四库全书》
九月	应销毁书籍总档
十一月初八日	着彭元瑞充四库全书馆副总裁

本年文源阁《四库全书》告成

乾隆四十九年（1784）

二月十九日	谕内阁陆费墀着充四库全书馆副总裁
二月二十一日	谕内阁将来江浙文汇等三阁分贮全书许读书者领出传写
七月二十日	谕依限完竣暨逾限未竣各书之总裁纂修等着交部分别劝惩
九月十八日	谕办理《四库全书》错误记过之潘庭筠等着分别罚俸
十月初七日	谕承办《开国方略》等书未依限完竣之励守谦等俱着分别罚俸
十一月初六日	谕承办《日下旧闻考》等书之总裁等官着分别加级记录

十一月二十六日	谕内阁全书四份告竣所有总裁总阅总纂等交部从优议叙
十二月初六日	谕内阁办理《四库全书》错误之皇八子永璇等着分别罚俸

本年文澜阁建成，文津阁《四库全书》告成，赵怀玉刻《四库全书简明目录》乾隆五十年（1785）

文津阁（今）

正月初八日	在各省将《通鉴纲目续编》相继抽出挖改搜剿后，乾隆下诏谕浙江等督抚将《通鉴纲目续编》改正本照原板样式刊印还给缴书之家
二月初九日	谕内阁《四库全书》告成后翰苑各员着按考试等第分别升降革罚，并谕此次乾清宫考试满洲翰詹官员着分别加级革罚
三月二十九日	谕内阁纪昀褚廷璋等着分别充文渊阁直阁事或校理
四月二十三日	谕纪昀平日校勘各书尚属认真姑从宽改为革职留任
五月初八日	直隶总督刘峨奏报文津阁全书已全数运至热河（三月二十日起分四拨运送，于四月二十五日全部运至热河）
十二月初二日	谕着派刘墉等详查全书馆缮字总数并各省采进书籍

乾隆五十一年（1786）

二月初七日	办理军机处为续缮三份全书处存贮装成书籍请领事至浙江巡抚等

七月二十日	谕《四库全书考证》排印陈设二十二部，排印通行本三百部

乾隆五十二年（1787）

三月十七日	发现收入《四库全书》中李清《诸史同异录》一书有悖妄之处，于是又派人重新检查收入的书。
四月初二日	吏部议办理续缮三份《四库全书》潦草错误之提调官恭泰等罚俸三个月
五月二十三日	永瑢等奏遵旨酌定校勘文渊文源阁全书章程及覆校文渊文源两阁书籍事宜
六月十二日	谕内阁将文渊等三阁书籍应换写篇页及工价令纪昀陆锡熊分赔
六月十三日	传令陆费墀赔办江浙三阁书籍工价（文澜、文宗、文汇三阁书籍所有应换篇页、装订、木匣、刻字等项工价）
七月初一日	下诏严查《四库全书》遗失底本及书目卷帙
七月初二日	寄谕六阿哥等天气炎热时在京校阅书籍官员着分别赏给纱葛
七月二十七日	永瑢等奏续办详校三份全书（南三阁书）酌拟章程
八月初三日	陆费墀着销去加一级等议处事
八月二十日	谕内阁陆费墀王燕绪所得处分俱有自取
八月二十二日	谕陆费墀革任之处着注册等议处事
九月二十七日	谕签出违碍错误之详校官胡高望等俱着记录一次；谕承办《皇朝文献通考》讹错之刘墉等着分别罚俸
十月初六日	谕刘墉彭元瑞着各赏缎二疋余各赏缎一疋
十月初十日	谕文渊文源两阁书籍仍着派皇六子皇八子督同分办
十月二十八日	添派刘跃云胡高望帮同办理覆看三份全书
十二月初二日	谕内阁办书错误降调官员王燕绪等准其捐复仍准办书处行走

本年四月文宗阁、文汇阁、文澜阁《四库全书》告成（空函、增补的除外）。本年重校文渊、文源、文津三阁书及南三阁书

乾隆五十三年（1788）

五月初四日	寄谕两江总督等书麟等各严饬所属悉心查察应禁各书
十月二十四日	军机大臣奏查四库书内应行撤出销毁各书

乾隆五十四年（1789）

十一月初九日	谕《荟要》二份着派懋勤殿翰林会同纪昀悉心勘校

乾隆五十五年（1790）

三月二十九日	陆锡熊奏详校文溯阁全书办法
五月二十三日	谕内阁着江浙督抚等谆饬所属俟全书排架后许士子到阁抄阅
七月十二日	陆锡熊等校勘文溯阁书籍事竣
九月十七日	谕着派八阿哥等总司原办文溯阁全书各员校勘纂缮《荟要》等书
九月二十三日	谕杨懋珩季学锦等俱着罚俸一年以示惩儆
十月二十一日	军机大臣奏拟着海宁全德办文宗等三阁全书装潢庋架谕旨（时陆费墀已身故）

本年南三阁书重校完成

乾隆五十六年（1791）

二月十八日	（因文津阁书）谕纪昀着停支饭银公费三年常青等着降三级
七月二十三日	谕内阁《扬子法言》一书缮写讹错纪昀等着再行交部议处
八月初六日	谕纪昀着免其革任仍注册庄通敏着于补官日降二级调用
九月二十九日	文源阁书再次校勘完竣
十一月二十一日	将《十三经》刊之石板列于太学
十二月初九日	文渊阁书再次校勘完竣

四月十五日	寄谕左都御史纪昀传旨申饬令将覆校各书务臻完善毋再舛误
四月	文溯阁书再次校勘完竣
闰四月二十七日	文津阁书再次校勘完竣

乾隆五十七年（1792）

北四阁书两次复校后，纪昀等对《四库全书总目》进行全面复勘。乾隆五十八年（1793）四月，胡虔辑《四库全书附存目录》刻成

七月初十日	谕内阁原办《通鉴辑览》总裁等姑念成书已久免其交部议处

乾隆六十年（1795）

七月十四日	寄谕礼部尚书纪昀原办文津阁书错讹不一而足
十一月十六日	武英殿刊刻《四库全书总目》竣工，初印陈设书二十部，备赏书八十部，分发北四阁收贮使用四部

乾隆五十九年（1794）

乾隆五十九年（1794）至六十年（1795）浙江用文澜阁本校刊印行《四库全书总目》《四库全书简明目录》，浙江学政阮元为之作跋

嘉庆八年（1803）

四月初二日	谕内阁《四库全书》内未缮入高宗诗文增入庋藏
四月初七日	礼部尚书纪昀奏拟续缮《四库全书》事宜十条（七阁共七份，一体俱增） 谕内阁着添派庆桂等会同纪昀续行缮办《四库全书》
五月初九日	庆桂等奏查明《四库全书》空函及应增书：《圣制诗五集》《钦定八旗通志》等已缮完，未校；《圣制诗余集》《圣制文三集》《圣制文余集》尚未缮写
十二月初七日	《圣制诗余集》《圣制文三集》《圣制文余集》七份缮写完竣 。《圣制诗五集》《钦定八旗通志》一份已校并抽换整齐

嘉庆九年（1804）

二月初一日	文渊阁空函书籍排架完竣，其他六阁空函书籍排架正在赶办

七、《四库全书》之旧貌新颜

文渊阁四库装具

文渊阁《四库全书》是最早告成的一部《四库全书》。每年10月，文渊阁的管理官员都要进行为期10天的曝书，以确保没有虫蛀霉变的祸患。此后，乾隆帝认为文渊阁《四库全书》已有楠木书套保护不会轻易遭到蠹虫蛀蚀，而且从书卷帙浩繁，多人抽看曝晒容易造成书册损污，而入匣时复未能详整安贮，其中的弊端更甚于虫蠹，在乾隆五十三年（1788）10月23日，乾隆下旨文渊阁着交提举一人专管并《全书》日后毋庸曝晒，最终终止了曝书活动。

文渊阁《四库全书》最初是允许官阶较高官员入阁阅览的。至乾隆五十三年（1788）翰林院底本开放供人阅览后，文渊阁《四库全书》就不再开放，嘉庆初年经过续订之后就一直保存阁中。辛亥革命后，文渊阁管理官员还组织编写了《清查四库全书架槅函卷考》作为检查书目的参考资料。1924年底，清皇室迁出故宫，文渊阁《四库全书》由清室善后委员会接管。次年10月，“故宫博物院”成立，文渊阁《四库全书》归该院图书馆管辖。1930年该院图书馆组织人员根据《四库全书总目》，对文渊阁《四库全书》进行清点，总计3459种，36078册，6144函，没有阙失。

1931年“九一八”事变发生后，华北局势紧张，为防止国宝遭到破坏，1933年故宫博物院图书馆将文渊阁《四库全书》装箱随历代文物精品南迁。先迁到上海，藏在法租界；后又辗转迁到重庆；抗战胜利后，迁抵南京；后运到台湾，现藏台北故宫博物院。1933年迁往上海时，曾以文渊阁本中231种影印为《四库全书珍本初集》1960册。1986年台湾商务印书馆影印文渊阁《四库全书》出版，上海古籍出版社1987年据台湾商务印书馆影印本重印。1999年由中国香港迪志文化公司分别与上海人民出版社和香港中文大学出版发行了电子全文检索版。

文溯阁《四库全书》得到了比较妥善的管理与保存，但经历了多次迁移、多次转手保管的命运。文溯阁《四库全书》的管理官员每年四月，用樟脑六十六斤、野鸡尾掸八把、短把鸡毛掸八把，以备应用。每隔一年，由工部派专人携带纸张等用料，检查门窗，裱糊格扇。光绪二十六年（1900）沙俄帝国侵占东北三省时，曾出现遗失情况。辛亥革命后，时任东三省军务兼奉天巡按使的段芝贵，为讨好袁世凯，于1915年将文溯阁《四库全书》运往北京，存放在紫禁城保和殿。袁世凯复辟失败，文溯阁《四库全书》于是滞留北京。1922年，溥仪欲以120万元的价格将文溯阁《四库全书》盗售给日本人。北京大学教授沈兼士得知消息后，于4月22日率先致函教育部，竭力反对此事。迫于社会各界的强烈反对，此举作罢。1924-1925年，北平故宫的前半部的三大殿，叫“古物陈列所”，文溯阁《四库全书》存放在北平故宫“古物陈列所”的保和殿里，教育部和故宫双重保管，高步瀛和董众师生持张学良手令，可以随时入馆查文溯阁《四库全书》。董众于1925年2月，陪同到北平开会的学兄冯广民，到保和殿查看文溯阁《四库全书》。1925年，东北筹建奉天图书馆，张学良、冯广民、董众等经多方奔走，才把文溯阁《四库全书》运回奉天，仍贮藏在文溯阁，由保管委员会负责管理保存。1926年，董众翻查“全书”，并确认缺损书籍的书名和数量。计经部九百六十函。但内有两函有匣无书；又有两函书匣都无；再有一函，装书三种，缺两种，计二本。史部一千五百八十四函。但内有两函，有匣无书；又有一函，缺书一本，计一卷；又一函，缺书一本，计三卷；又《谥法》一书，注缺。子部一千五百八十四函。内缺《症治准绳》一本，《南园漫录》无书。集部二千零一十六函。内缺《玉兰集》《雁门集》《鲸背集》，又《西河集》内缺卷九十三至九十八；又《御制诗集》内缺卷三卷四。统上四部，共计六千一百四十四函。又收到《四库全书总目》共二十函（内缺第五十一五十二两卷），《四库全书考证》十二函，及分架图四册。又收到四格书架六十一，六格书架五十，共一百十一。（《影印四库全书之经过》，《图书评论》第二卷第二期）合计：经部九百五十九函，五千四百九十三册；史部一千五百八十四函，九千四百八十七册；子部一千五百八十四函，九千零七十三册；集部二千零十六函，一万二千二百六十五册；共六千一百四十三函，三万六千三百十八册。（《东北丛刊》第六期）其后，又仰仗董众得以补齐全书。1931年6月1日辽宁省教育学会立碑以记其回归奉天始末。受张学良委托，“查损”“运复”“补抄”全程参与者董众则撰写了《四库全书<运复记>碑》。《运复记》碑，现收藏于沈阳故宫文溯阁东墙壁。每一竖列20个字，45列仅900字，讲述了编修《四库全书》始末，阐述了为《文溯阁四库全书》失而复归，为《文溯阁四库全书》抄书补损，张学良率董众等人，十年如一日的上下求索等义举。

董众撰《四库全书<运复记>碑》（1931年6月1日辽宁省教育学会立）

此外，当影印文溯阁《四库全书》将实行时，董众又因影印工程巨大，徒耗物力，倡议选印孤本。1932年文溯阁《四库全书》由伪满奉天图书馆接管，1934年又进行补缺工作；抗战胜利后，交由沈阳博物院图书馆保存。1948年，文溯阁《四库全书》由东北人民政府文物处接管，后交东北图书馆（今辽宁省图书馆的前身）保存。1949年政府组织专人对文溯阁《四库全书》进行清点，并把清点结果制成表格。1965年，辽宁省图书馆再次对文溯阁《四库全书》进行全面检查，纠正了错装函匣之处，并详细记载了破损情况。1966年，基于战备需要，文化部决定将文溯阁《四库全书》转运甘肃省兰州保存。于是，文溯阁《四库全书》由沈阳迁往兰州，随后被秘密运抵兰州永登县连城鲁土司衙门保藏。1971年6月，在永登县连城鲁土司衙门存放了4年零8个月后，文溯阁《四库全书》又被秘密迁至甘草店专库，存放35年之久。2005年7月，投资5000万元、占地50余亩的文溯阁《四库全书》藏书楼在兰州北山九州台落成，文溯阁《四库全书》入藏迄今。

文源阁《四库全书》毁于第二次鸦片战争。咸丰十年（1860），英法联军攻入京城，举世闻名的圆明园被英法联军烧得只剩残垣断壁，文源阁及其《四库全书》也在这场大火中化为乌有。

文津阁《四库全书》未受到战争影响，贮藏和保管都比较正常。文津阁管理官员仿文渊阁曝书之例，每年夏季曝书一次。道光以后，因经费问题曝书工作一度陷于停顿。同治初年，文津阁因年久失修，丛书受潮严重。时任热河都统麒庆立即奏请修复。重新开启曝书成例。光绪二十年（1894）热河总管大臣世纲、英麟等奉命检查文津阁丛书陈设书籍，并详细制定书目清单以备查询。宣统元年（1909），清学部拟筹建京师图书馆，奏请将文津阁《四库全书》以及避暑山庄各殿宇陈设书籍，一并送交学部拨归京师图书馆收藏，获得允准。但未及实行，辛亥革命就爆发了。在这场革命中，清政府被推翻，民国政府成立。

民国政府成立后，1914年内务部运送避暑山庄各殿宇陈设书籍及文津阁《四库全书》至京，由古物陈列所收管。1915年8月教育部致函内务部，指出《四库全书》为中国古今图籍之总汇，京师图书馆为首都册府，自应收藏，以宏沾溉。请即日将《四库全书》移交教育部，转发京师图书馆，以符成案。于是在这一年，《四库全书》正式移交京师图书馆（原北京图书馆前身，今中国国家图书馆）。其后，原贮全幅书架以及《四库全书简明目录》4函也一并移交到馆。经整理修缮后，于1917年将本是皇家秘阁之书第一次向公众开放。

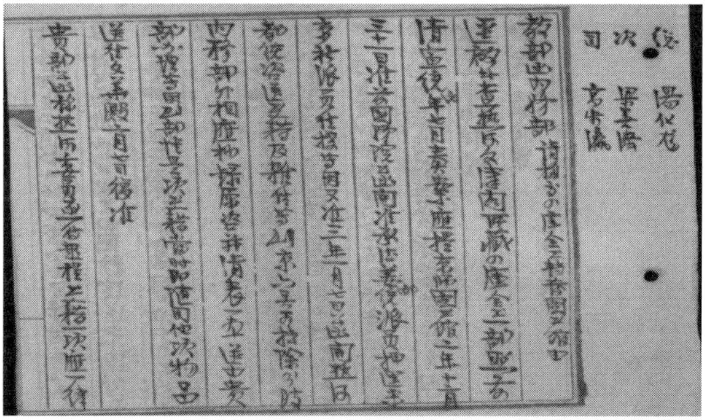

教育部致函内务部

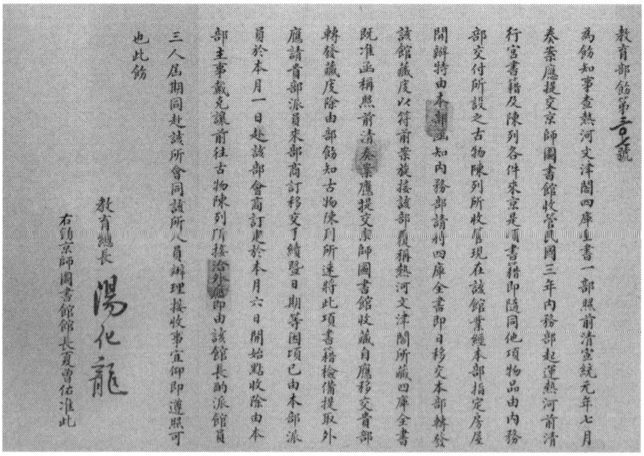

教育部飭第三〇號
為飭知事查熱河文津閣四庫全書一部照前清宣統元年七月
奏案應提交京師圖書館收管民國三年內務部起運熱河前清
行宮書籍及陳列各件來京是項書籍即隨同他項物品由內務
部交付所設之古物陳列所收管現在該館業經本部指定房屋
開辦特由本部函知內務部請將四庫全書即日移交本部轉發
該館藏庋以符前案旋接該部覆稱熱河文津閣所藏四庫全書
既准函稱照前清奏案應提交京師圖書館收藏自應移交貴部
轉發藏庋除由部飭知古物陳列所速將此項書籍檢備提取外
應請貴部派員來部商訂移交手續暨日期等因項已由本部派
員於本月一日赴該部會商訂定於本月六日開始點收除由本
部主事戴克讓前往古物陳列所接洽外應即由該館長酌派館員
三人屆期同赴該所會同該所人員辦理接收事宜仰即遵照可
也此飭
教育總長 湯化龍
右飭京師圖書館館長夏曾佑准此

教育部饬第三〇号文件

1920年，陈垣受教育部委托，对文津阁《四库全书》进行清查，统计全书共103架，6144函，36277册，2291100页，另有《四库全书排架图》1函4册，《四库全书简明目录》4函20册，《四库全书总目》20函124册。在内廷四阁《四库全书》中，文津阁《四库全书》是七部《四库全书》中唯一原架、原函、原书一体存放保管最完整的一部。这部《四库全书》，现珍藏在中国国家图书馆。

《四库全书》排架图

南方三阁中，文宗阁在江苏镇江金山寺，建成于乾隆四十四年（1779），入藏乾隆五十二年（1787）抄成南三阁正本一部。道光二十一年（1841）遭英军第一次毁坏，咸丰三年（1853）太平军攻陷镇江，阁和书全毁。文汇阁在江苏扬州大观堂，乾隆四十五年（1780）建成，入藏乾隆五十二年（1787）抄成南三阁正本中的一部。咸丰四年（1854）太平军攻入扬州，阁中珍藏的《四库全书》和阁一块被付之一炬，荡然无存。

文澜阁在浙江杭州圣因寺，乾隆四十九年（1784）就玉兰堂东迤下之藏书堂改建而成，入藏乾隆五十二年（1787）抄成南三阁正本之一部。咸丰十一年（1861），太平军第二次攻陷杭州，文澜阁在战火中倒塌，阁中珍藏的《四库全书》大量散失。

文澜阁（今）

当时的杭州藏书家丁申、丁丙兄弟在避难中偶然发现散出的文澜阁《四库全书》，随即集胆壮数人，夤夜潜入圮阁下，掇拾丛残，每日往返数十里，将文澜阁残编运至善地；又搜访查寻，并委托书商代为收购。从同治元年至十三年（1862—1874），经丁申、丁丙摭拾整理的文澜阁《四库全书》有8389册。光绪六年（1880）浙江地方官重建文澜阁，光绪七年（1881）文澜阁重建工程完成，地方官员还特别奏请光绪帝颁发满汉合璧的“文澜阁”匾额挂在阁上。丁氏兄弟也把书送还文澜阁尊藏。光绪八年（1882）在丁氏倡议和主持下，人们又着手进行补抄残缺部分的工作。前后历经六年，至光绪

文澜阁《四库全书》书橱（光绪）

十四年（1888）初步补抄工作告竣。共抄书2174种，补阙卷891种，合原阁本全书331种，阁书总数达3396种，合计34769册。另有部分“求而未得之书，别刊访目，随得随补”。

光绪二十年（1894）补抄各书陆续装潢庋藏完毕，因经费不足，原楠木书匣改用为银杏木夹板，易书架为书橱，原用绢面改为纸面。阁书保管都由当地官府指派董事、司事等人经理。

民国以前，管理文澜阁与藏书的常年经费大致由浙江盐税支给，其后间取之于浙江厘捐，但文澜阁的管理权，一直由盐政掌握。

1911年6月，文澜阁及所藏《四库全书》等并归浙江图书馆。1912年夏，文澜阁《四库全书》移储浙江图书馆新建的孤山路馆舍保存。馆长钱恂亲自清点，编成《壬子文澜阁所存书目》五卷，后专列“待访书”“待访卷”，共计200余种，计划补抄补购。1915年钱恂向时任大总统袁世凯呈请批准借文津阁本补抄文澜阁《四库全书》。此次补抄分京杭两地进行，并聘请有关人士担任校理。在杭州北京分抄的同时于坊肆购买文澜阁《四库全书》原抄本，至民国十二年（1923），补抄补购216种，其中补待访书13种（有购买和补抄），补待访卷20种（有购买和补抄），另重购旧抄（原

文澜阁《四库全书》乙卯补抄本

抄）182种，误抄存目书1种。这就是“乙卯补钞”。

1923年，张宗祥再次倡议补抄文澜阁阙书阙卷，以成前人未竟之业。补抄工作在杭州、北京两地展开，一方面利用浙江图书馆所藏善本，一方面借文津阁本按目分头抄写。在抄写工作之余，有关人员还对抄成较早的丁氏补抄本做了大量的校正工作。这就是“癸亥补钞”。“癸亥补钞”，计补抄缺书缺卷217种4497卷，重校丁抄213种5660卷，补抄丁抄中卷、页、字、行缺数52种577页，使文澜阁《四库全书》更趋完善。

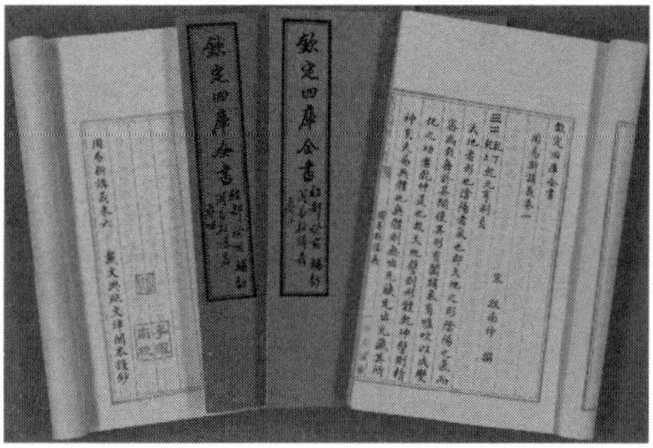

文澜阁《四库全书》癸亥补抄本

1926年浙江图书馆对文澜阁《四库全书》进行清点，统计实存3459种，36278册，另阙书一种，阙卷26种。其后图书馆又陆续进行少量补抄。1932年，全书共存3459种，36309册，另阙书1种，阙卷22种。全面抗战爆发后，辗转于浙江境内富阳渔山、建德、龙泉的文澜阁《四库全书》于1938年4月迁移到贵阳，1944年12月再迁移到重庆青木关，1946年由重庆迁回杭州，仍由浙江图书馆保藏。1949年后浙江图书馆广求阁书原本，阁藏原抄陆续有收归。2015年清点，文澜阁《四库全书》经史子集并目录、考证、续藏共36874册。

翰林院底本。翰林院，是四库馆所在地，也是《四库全书》底本所藏地。在七份《四库全书》誊抄完成后，“著录”各书原本即《四库全书》底本被收拾整齐，存放在翰林院。乾隆五十三年（1788）十月乾隆禁止旁人入阁阅览文渊阁《四库全书》，正式下令开放翰林院底本供诸臣及士子等阅览。其后由于翰林院管理不严格，四库底本有丢失现象。四库底本最终毁于1900年庚子事变。

《四库全书》播迁概览：

1799年嘉庆题诗摛藻堂。

阮元编成《委宛别藏》，并撰成《四库未收书目提要》呈上。

1802年《钦定重修两浙盐法志·文澜阁说》著录，文澜阁本经史子集35990册，目录考证227册。

1805年嘉庆题诗文渊阁。

1853年太平军攻至扬州，当地士绅呈请转运使刘良驹移文汇阁本避深山中，刘坚不肯应。未几太平军攻至，文宗阁、文汇阁遂遭太平军焚毁无余。

1860年英法联军攻入北京，咸丰皇帝出逃热河，圆明园被英法联军付之一炬，文源阁及库本荡然无存。阁藏《荟要》同毁。

1861年，太平军攻陷杭州，文澜阁阁毁书散。丁氏兄弟冒险搜拾。至同治十三年（1874），得文澜阁《四库全书》8389卷，其首尾完整者仅300余种。

1865年莫友芝致书曾国藩，请求探访文宗、文汇二阁之书，未果。

1868年广东书局以浙本《四库全书总目》为底本重刻，据殿本校改，是为粤本。至此，《四库全书总目》比较主要的三个刻本齐备了。

1880年浙江重建文澜阁，1881年阁成，丁丙、丁申奉阁书还于文澜阁。其后，丁氏兄弟邀集同道，据自家八千卷楼、宁波天一阁及苏皖湘粤等地藏书名家之藏本补抄，历时六年，共补配891种，补抄2174种。至此文澜阁有书3396种，34769册，初复原藏旧观。

1882年姚觐元编《禁书总目四种》。

1889年王懿荣倡议续修《四库全书》。

1898年《文澜阁志》刊刻出版。

1906年罗振玉倡议建京师图书馆，并将文津阁拨入。

1907年邓实编《禁书目合刻四种》（销毁抽毁书目一卷、禁书总目一卷、违碍书目一卷、奏缴咨禁书目一卷，收入《国粹丛书》第二集）。

1908年王懿荣又倡议增辑、喻长霖附议，章梫倡议增辑《四库全书》。

1909年学部奏请将热河文津阁库本提交京师图书馆，清政府允议。因辛亥革命而中止。

1912年《壬子文澜阁所存书目》刊行，浙江图书馆馆长钱恂编。

1913年6月，北京教育部致函热河都统准备往取文津阁《四库全书》。

1914年文津阁《四库全书》自承德运年抵京城，暂存内务部古物陈列所（故宫文华殿）。有人建议文溯阁及盛京文物一并入京。同年，文溯阁《四库全书》运抵北京交内务府管理，存紫禁城保和殿。

文华殿

1915年9月，京师图书馆派人前往内务部古物陈列所点收文津阁本《四库全书》，10月，点收完成。是年起，钱恂组织"乙卯补钞"，借文津阁本抄补以补文澜阁之缺，前后历时8年。

1916年11月，文津阁入藏京师图书馆完成。清室内务府派陈汉章等检核文渊阁，发现缺《四书大全》等9种，加增《高宗皇帝编制诗文集》一种（嘉庆补入）。

至此，北三阁齐集北京。

1917年春，哈同拟印《四库全书》。张元济呈请教育部申请由商务印书馆印行，遭拒。

内务府查检文渊阁《四库全书》，比照原目原函原卷，发现缺书9种，计23卷，多出嘉庆时所增《高宗纯皇帝御制诗文集》

300卷。所缺由内务府据文津阁本抄补。

文津阁向社会开放。

1919年叶恭绰归国，介绍欧美倡议印行《四库全书》。准备全面清理文津阁。

金梁等建议校印文溯阁本。

1920年法国原总理班乐卫来华建议用庚子赔款印行《四库全书》，徐世昌同意。

陈垣、叶恭绰、张宗祥等清点文津阁，历时三月余，逐册清点，成《四库全书册数页数表》。全书计36277册。

京师图书馆颁布暂行规定，开放文津阁四库摄影及传抄（限每次十部），摄影费一部2元，传抄费一部1元。

1921年教育部以文津阁本印成样书。

1922年叶恭绰重议印行，希望与商务印书馆合作。

清宫欲售文溯阁，议价120万元，购方为日本。后被禁止。

1923年张宗祥组织发起文澜阁四库“癸亥补抄”，借文津阁本抄补，历时两年。其后文溯文渊二阁也借文津阁抄补。

1924年清室善后委员会发现摛藻堂《四库全书荟要》。

商务印书馆拟影印文渊阁《四库全书》以迎馆庆三十周年，遭人作梗无果。

1925年故宫博物院成立。文渊阁《四库全书》及摛藻堂《四库全书荟要》《委宛别藏》交由该院图书馆接管。

教育部部长章士钊提议交商务印书馆影印文津阁本，因战事及人祸，又告中辍。

文溯阁书复归奉天。借文渊阁本补抄。

邵瑞彭发表续编《四库全书》之议。

教育部社会司司长高步瀛奉命清点文渊阁本《四库全书》。

1926年北京士绅倡议再录副本，未行。

董众在北平，借文渊阁本书、购买文房四宝，组织20人用业余时间，集中起来，进行补抄，历时一年完成。

1927年奉天地方政府通电全国，拟印文溯阁本，并拟续修、校勘并举，伦明倡议再修。

1928年京师图书馆改国立北平图书馆，文津阁本由国立北平图书馆管理。

奉天正式成立《四库全书》校印馆。

1930年7月，故宫博物院按《四库全书总目》查检文渊阁本《四库全书》，至11月结束，全书共3459部，36078册。

北平图书馆编辑文津阁别集类篇目。

1931年“九一八”事变，文溯阁遭日军封存。伪满奉天图书馆接管文溯阁《四库全书》。

北平图书馆北海两侧馆舍落成，文津阁《四库全书》再次易地，馆前街元隆福宫改为文津街。

1932年杨家骆出版《四库大辞典》。

燕京大学图书馆引得编纂处完成《四库全书总目及未收书目引得》。

1933年日军侵略热河，北平震动。

文渊阁《四库全书》及摛藻堂《四库全书荟要》随故宫古物南迁上海，藏于法租界天主堂街（今四川南路）某仓库。

同年，国民政府将其拨归刚筹备成立的中央图书馆

（南京）。

伦明第二次倡议续修。

任松如《四库全书答问》出版。

1934年浙江图书馆复从文津阁本重抄1种以补文澜阁之缺。至此，文澜阁《四库全书》大体已复原璧。文溯阁《四库全书》依照文津阁《四库全书》补阙书3种。是年7月至次年7月商务印书馆编辑出版《四库全书珍本初集》，计231种，分装1960册。

王重民《办理四库全书档案》出版。

1935年法人巴斯得立遗嘱，拨款印行《四库全书》，后不了了之。

选印《委宛别藏》四十种。

文溯阁《钦定四库全书提要》出版。

1937年南京沦陷。文渊阁《四库全书》随国民政府西迁重庆。

文澜阁《四库全书》于8月5日运抵浙江富阳，11月下旬迁建德。

郭伯恭《四库全书纂修考》出版（商务印书馆）。

1938年1月。文澜阁《四库全书》迁至龙泉。3月奉令远徙贵阳。4月迁抵贵阳。

奉天图书馆编《文溯阁四库全书要略及索引》出版。

1939年北平图书馆拟将文津阁《四库全书》暂时南迁，未实行。2月，文澜阁《四库全书》迁至贵阳地母洞。

1941年商务印书馆出版王太岳《四库全书考证》。

1944年12月下旬文澜阁《四库全书》运抵重庆青木关。

1945年《续修四库全书总目提要》中辍，工作基本完成。

文澜阁《四库全书》保管委员会在重庆成立。

1946年文澜阁《四库全书》由重庆运回杭州。

杨家骆《四库全书学典》由世界书局出版。

1948年10月文渊阁《四库全书》及摛藻堂《四库全书荟要》《委宛别藏》等一并被运往台湾，今藏于台北故宫博物院。

11月，东北图书馆（今辽宁省图书馆）迁于沈阳，接管文溯阁《四库全书》。

1950年10月，文溯阁《四库全书》移藏黑龙江讷河县。

1951年文溯阁《四库全书》移藏黑龙江北安县。

1954年文溯阁《四库全书》运回沈阳。

1957年上海古典文学出版社出版《四库全书简明目录》。

商务印书馆出版《清代禁毁书目补遗》《清代禁毁书知见录》。

1958年科学出版社出版余嘉锡《四库提要辨证》。

1959年中华书局、上海古籍出版社出版邵懿辰《增订四库简明目录标注》。

1960年商务印书馆出版吴慰祖校订的《四库采进书目》。

1964年中华书局出版胡玉缙《四库全书提要补正》。

1965年中华书局以浙本为底本对《四库全书总目》进行了缩小影印（王伯祥断句）。

1966年文溯阁《四库全书》自沈阳移运至兰州，藏于甘肃省永登县连城土司衙门寺院大经堂。

1969年台湾商务印书馆重印《四库全书珍本初集》。

1970年遵浙江省革委会指示，文澜阁《四库全书》被运往龙泉战备书库。至1976年12月方始运回浙江图书馆孤山馆舍。

1971年甘肃省榆中县甘草店战备书库建成，文溯阁《四库全书》移入保存。

1971—1974年台湾商务印书馆编印《四库全书珍本》第二至第五辑，共收书760种。

1972年台湾商务印书馆出版部分《续修四库全书提要》。

1975年台湾商务印书馆出版《四库全书珍本别辑》。

1976—1982年台湾商务印书馆编印《四库全书珍本》第六至第十二辑，印书704种。

1980年台湾商务印书馆申请全套印行，未获同意。

1981年台湾商务印书馆印行《委宛别藏》。

1982年台北故宫博物院同意台湾商务印书馆开始影印文渊阁《四库全书》。

1983年栾贵明辑《四库辑本别集拾遗》由中华书局出版。

1985年台湾世界书局开始影印出版《摛藻堂四库全书荟要》。全套500册，1988年完成。

1986年台湾商务印书馆影印文渊阁《四库全书》完成。全套大16开，1500册。

1987年文津阁《四库全书》搬入北京图书馆（现中国国家图书馆）新馆专库。

现国家图书馆四库新库房（2008年建成）

1989年上海古籍出版社翻印文渊阁《四库全书》。

1990年杭州大学出版社出版崔富章《四库提要补正》。

1991年北京图书馆开始对勘文津、文渊两阁本，差异颇巨。于1997年出版集部《补遗》，共15册。

1993年《四库全书存目丛书》开始编纂。中华书局出版《续修四库全书总目提要》。

1994年《续修四库全书》开始编纂。

1996年齐鲁书社根据中国科学院图书馆藏原稿影印出版《续修四库全书总目提要（稿本）》。浙江图书馆原大影印《文澜阁四库全书选粹》，全5册，收经史子集各1 种。

1997年中华书局整理出版简体排印本，定名为《钦定四库全书总目》，以殿本为底本，浙、粤本为参校本，广泛收集研究《四库全书总目》诸家成果，以页下注的形式散入各条，然后对全书施以现代标点。

齐鲁书社影印出版《四库全书存目丛书》，共1200册。

《四库禁毁书丛刊》编纂工程启动， 1999年完成，北京出版社影印出版，全书300册。

上海古籍出版社出版《纂修四库全书档案》。

1998年《四库未收书辑刊》开始编辑，1999年完成，北京出版社影印出版，共300册。

香港迪志文化有限公司出版电子全文检索版文渊阁《四库全书》。

2001年杨武泉《四库全书总目辨误》由上海古籍出版社出版。

2002年上海古籍出版社影印出版《续修四库全书》，共1800册。

胡玉缙《续四库提要三种》由上海书店出版。

2004年北京图书馆出版社影印出版《文津阁四库全书珍赏》。

浙江图书馆与杭州出版社签订合作整理出版文澜阁《四库全书》协议。

2005年文溯阁《四库全书》藏书楼在兰州北山九州台落成，文溯阁《四库全书》入藏迄今。

2005年文津阁《四库全书》由商务印书馆出版。

2006年商务印书馆出版《文津阁四库全书提要汇编》。

2014年文津阁《四库全书》原大原色原样影印出版。

2015年文澜阁《四库全书》由杭州出版社影印出版，共1559册。

思想篇

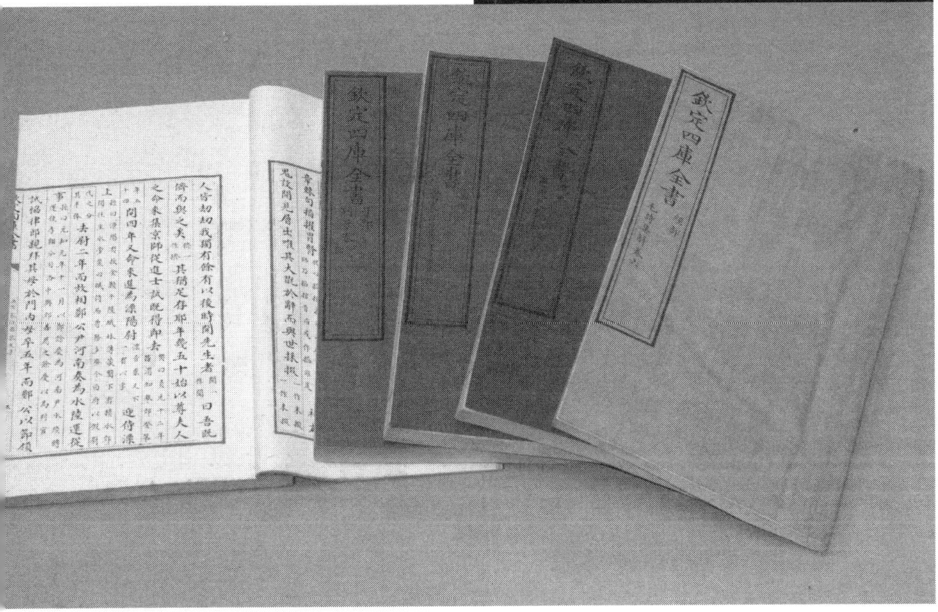

一、《四库全书》之“全书”

《四库全书》的“全书”是不全的。这是《四库全书》被指斥的一个原因。而四库修书过程中对一些书籍的篡改，《四库全书》所收书籍的版本问题，书目提要等的缺误，成为《四库全书》三大质量问题。

《四库全书》的不全，是由于四库征书过于庞大，四库馆管理疏漏，四库馆臣舞弊，以及因思想文化观念、违碍忌讳等，对书籍禁毁，致使一些书籍未能入载《四库全书》。而以“全书”为名要求收书完整，确实未免遗憾。但征集天下藏书，求全之誉，更多的是一种理想。对于四库征书，官民曾有过一段时间观望，但在清乾隆皇帝一再下旨亲力释疑催督，自始至终的关注下，官民才踊跃参与。当然，私密珍籍不献出的现象并非没有，没有征集到圣意难以到达的僻远山区的书籍，也是存在的。但从《四库全书》纂修等档案来看，当时的大体趋势是官民踊跃主动献书，一时间，平时难得一见的珍籍秘本纷纷现身，可见四库征书，存世藏书是大部分征集到了的。

而管理疏漏、馆臣舞弊而来的书籍漏载，这是中国自官方开馆修书之始就存在的弊病。所以虽然清高宗君臣勠力纠弊，但确实痼疾难治。对此，清高宗自己就曾清醒地意识到：《四库全书》“卷帙浩繁”，所需人手“冗杂”，撰修工序繁多，容易出现“瞻顾私情”问题。哪怕以国家名义来做此事，也是无法“彻底澄清”，完全规避的。[①]当然，对于这样一部就当时及其后很长一段时间而言的旷古未有的巨帙，要纤毫不漏把征书全部入载，确实也很难办到。

至于像承袭传统思想文化观，重视经史之作，轻视术数、技艺、释道、野史方面的书籍，排斥异族著述方面的漏载，实事求是地讲，这些书籍中的术艺书籍一向被当作末技对待，数量也偏少，且鱼龙混杂。而释道方面的书籍、异族著述和野史虽多，但良莠不齐。以上各类书籍中的某些书籍不被收录，实由自身质量所致。修书过程中对它们进行的摒弃，无可指责。况且求全责备，不合四库修书标准。四库修书时曾明示天下，不会顾及“全书”的名称，而依照前代“有是一家，即应立是一类；作者有是一体，即应备是一格”[②]的原则，不加择别收录书籍。当然，不加择别一味求全，其实也是不可取的。真正高质量的“全书”是剔除糟粕的全面，亦即在保证精品前提下的全面。

不过，以上因素造成的《四库全书》收书不全，从修书本身，以及历代官修书籍修纂情况来看，都无从避免，实可理解。然而，因四库修书而来的对书籍的禁毁，因书籍质量低下（含色情书籍）而将书籍禁毁，这是《四库全书》必须接受的指斥，必须正视的问题。

四库修书禁毁书籍，应受到非议指斥的，是对不利于统治或

① 中国第一历史档案馆编《纂修四库全书档案》，第1157页。
② 永瑢等撰：《四库全书总目》卷首《凡例》，第18页。

因人因学而对书籍的禁毁。因人因学而对书籍的禁毁，并非泛滥无禁，主要是就清高宗好恶、清政府需要而定。而禁毁不利于自己统治的书籍，其实世界上的任何国家都会这样做。至于区别，只不过存在禁毁强弱、多寡，以及是否史有明文、史家记载详略如何罢了。

四库修书禁毁书籍，整个清代没多少异议。但到改朝换代，需要论证清政府的罪恶之际，这事遂被大力彰显。而许多对清王朝怀有仇视的学者担当起了这个论证的“急先锋”。虽然这有利于推进革命发展，但是革命之时，为吸引目光，鼓舞士气，往往难免夸大之嫌。当时就有学者注意到了这个问题。如孟森就曾指出：“近日浅学之士，承革命时期之态度，对清或作仇敌之词。……革命时之鼓煽种族以作敌忾之气，乃军旅之士，非学问之事也。……不应故为贬义。”[①]后来，章太炎在晚年就承认自己早期揭露清朝文化政策的文章有夸大的成分。而对《四库全书》抨击最激烈的鲁迅正是章太炎的学生，且他本人对清政府也是非常仇视的。

事实上，四库修书禁毁书籍一事，实有被扩大化之嫌。中国封建时代禁毁书籍，历史久远，可以追溯到春秋战国时期。战国时期，卫国太宰北宫锜向孟子询问周朝所定班爵俸禄情况，孟子回答他说这些都无法得知了。因为诸侯们害怕这些记载不利于自己的统治，所以把记载的文献全都毁掉了。而历代君王，在自己朝代留下禁书目录的，除乾隆外，就宋仁宗有过一部《禁书目

① 孟森：《清史讲义》，广西师范大学出版社2005年版，第4页。

录》。而宋朝是被认为文化最兴盛、士人最体面的朝代。至于那建万里长城的秦始皇、修大运河的隋炀帝，他们焚书都没有专门的禁毁书档案。乾隆何苦留下这些系统性档案，给后人提供可自由驰骋的空间。“善欲人见，不为真善；恶恐人知，才是大恶”，否则乾隆大可如秦始皇付书籍一炬。可以说，乾隆在这点上是光明磊落的。不过，他的光明磊落只是站在自己立场上而为，是封建统治者对待不利于自己统治的书籍，采取的最极端的方式。

但实际禁毁情况也并没有那么严重。如王锡侯《书法精言》、鲁之裕《书法彀》虽遭到禁毁，但尚有刻本抄本存世。与被撤出书籍吴其贞《书画记》有同样淫秽问题的书籍也有未被撤出者，见于四库著录或存目中的还不少，如《清河书画舫》《真迹日录》《升庵集》《珊瑚网》《郁氏书画题跋记》《式古堂书画汇》等。

我们不得不承认一个事实，因禁毁书籍所造成的《四库全书》收书不全，并不影响《四库全书》较之中外典籍，在规模以及修成之后长时间在数量上的绝对优势；不影响它在中华文化史，乃至世界文化史上典籍集成的地位。

对《四库全书》的质疑，还关于《四库全书》的版本问题。版本不好，内容自然靠不住，利用价值与文献价值自然降低。那么，《四库全书》的版本情况到底如何。我们不妨一究。

众所周知，《四库全书》是不标书籍具体版本的，加以四库修书时曾刻意增删补改了部分书籍，导致人们对《四库全书》收录典籍的版本产生了质疑，大到怀疑所有典籍的程度。这种怀疑是没有必要的。

四库修书时，要求所收书籍只能是善本、足本[①]。在中国封建时代“上有所好，下必甚焉”的传统下，以国家之力征集书籍，下面进献的必定是版刻优良的书籍。历代封建王朝征集书籍时，所有的为邀宠而伪造珍籍秘本而献的现象，就足以说明。同时，自明代以来，不再私密书籍已经在文化圈形成共识。加以书籍需要经过层层关卡，方能入四库馆。入四库馆后，四库馆臣也需要鉴别版本优劣。当然，所征收书籍过多，对书籍版本，有漏查现象也是有的。但四库馆有严格的检查奖惩制度，何况清高宗始终掌控全局，不时亲自过问。清高宗参与四库修书的三个儿子都在修书过程中受到过惩罚。可见关于四库修书一事，是谁也不敢掉以轻心的。有清高宗这样一个绝对权威的帝王幕后挂帅，大家自然更加小心谨慎。所以，《四库全书》所收书籍应大部分是好的版本。只不过为了奖励献书，活跃献书力度，清高宗才把书籍本来应有的版本名字改为进献书籍的人或政府机构的名字。因此就带来版本不明，不知是否是好版本的问题，以至于到怀疑书籍内容真伪的程度。

不过，既然为了奖励而把书籍版本与进献书籍的人或政府机构联系上，那么倘若被发现是劣本，岂不更方便对号入座惩处。那么谁敢轻易拿赝品以政治生命或身家性命家族祸福来糊弄清高宗呢？这就是清高宗的政治艺术。这些足以证明《四库全书》所收书籍的版本是可靠的，没有必要担心版本问题。

① 永瑢等撰：《四库全书总目》卷首《凡例》，第17页。

《四库全书》也的确著录了不少孤本、秘本、珍本。不少学者对四库本做过个案研究。如《元氏长庆集》四库本，有学者研究得出，此本是古代诸版本中最好的一个本子，认为在整理古代文献时，四库本不仅可作重要的参校本，有些文献甚至径可取作校勘的底本。对四库本，不分青红皂白，一概抹杀，否定其价值，不是一种严谨可取的态度。[①]又四库本《明史》也较现在通行的《明史》本优。因此，完全否定四库本是不可取的。至于篡改某些书籍，主要是针对有违碍忌讳的书籍。而那些流传至今的被改篡过的书籍，因它们版本的独一无二性，它们的版本价值也就不言而喻了。

如此庞大的文化工程，在提要等方面肯定有不少缺误。这正如崔富章所言："《四库提要》存在阙误，事有固然。万余种典籍做出千古定评，本属不可能之事；时间所限，时代所限，史实考订不周，议论判断失误，在所难免。"[②]不必苛责。

对于《四库全书》，孟森曾评价道："清一代有功文化，无过于收辑《四库全书》，撰定各书提要，流布艺林一事。自古明盛之时，访求遗书，校雠中秘，其事往往有之。然以学术门径，就目录中诏示学人，如高宗时之四库馆成绩，为亘古所未有。盖其搜罗之富，评陟之详，为私家所不能逮，亦前古帝王所未及为也。"[③]正如万里长城、大运河一样，不会因当年修建它们，耗费了民脂民膏，空虚了国库，荼毒了生灵，而不承认它们举世罕

① 陈晓华主编《四库学》，周相录《文渊阁四库全书本元氏长庆集优劣小议》，社会科学文献出版社2017年版，第204、207页。
② 崔富章：《四库提要补正·叙例》，杭州大学出版社1990年版。
③ 孟森：《明清史讲义》上册，中华书局1981年版，第554页。

匹的世界性地位。虽然四库修书篡改了诸多古代典籍，还抛弃了一些虽然违碍统治触及统治者忌讳却有流传价值的作品，从修撰一部丛书的角度上来看，确实存在着不够“周全”等瑕疵。但《四库全书》以特殊的历史地位与学术价值，在中国学术文化史上仍占据里程碑的地位。换言之，相较于过失，功劳更大。或者更可以这样说：其不足亦是其特征，是记忆遗产的某一表征。亦即，《四库全书》的记忆遗产属性并不会因其不足而有所改变。

二、《四库全书》与世界记忆遗产

1.有关《四库全书》的评议

乾隆：古今数千年，宇宙数万里，其间所有之书虽夥，都不出四库之目。①

《四库全书》之辑，广搜博采，汇萃群书，用以昭垂久远，公之天下万世。②

《四库全书》胥告成，如种树以十年计。自渊而溯复至源，兹乃于津睹厥萃。循名前后似不伦，七字长歌阐其义。渊海资溯乃得源，得源方可知津谓。循环往复沃于心，内圣外王枕葄备。浩如虑其迷五色，挈领提纲分四季。经诚元矣标以青，史则亨哉赤之类。子肖秋收白也宜，集乃冬藏黑其位。如乾四德岁四时，

① 《文渊阁记》，于敏中等《日下旧闻考》卷十二，北京古籍出版社1981年版，第167页。
② 乾隆四十六年二月十五日《圣谕》，永瑢等撰《四库全书总目》卷首《圣谕》，第4页。

各以方色标同异。议如是耳贵躬行，讵在侈谈夸博记。[①]

四库欣看首部成，文渊曾是宴儒卿。经营已异初草创，次第堪循旧课程。曾巩黄香岂此到，唐函汉略较他赢。六年期固非遥耳，楠架行将插以盈。[②]

永瑢："前千古而后万年，无斯巨帙""庶读者知致远经方，务求为有用""今所录者率以考证精核，辨论明确为主。庶几可谢彼虚谈，敦兹实学"。[③]

纪昀：伏思《四库全书》包罗今古，实高宗纯皇帝超轶百代之鸿规。所有纂辑告成以后，尧文丕焕，与岁俱增，圣制、钦定诸编，自应续行添入，以昭示来兹。[④]

检校牙签十万余，濡毫滴渴玉蟾蜍。汗青头白休相笑，曾读人间未见书。[⑤]

阮元：高宗纯皇帝命辑《四库全书》，公总其成，凡六经传注之得失，诸史记载之异同，子集之支分派别，罔不抉奥提纲，溯源彻委。所撰定《总目提要》多至万余种，考古必衷诸是，持论务得其平。[⑥]

周中孚：窃谓自汉以后，簿录之书，无论官撰私著，凡卷第之繁富，门类之允当，考证之精审，议论之公平，莫有过于是

① 张淑敏：《乾隆御笔避暑上庄碑诗》，乾隆五十年（1785）《文津阁作歌》，新华出版社1998年版，第147页。
② 张淑敏：《乾隆御笔避暑上庄碑诗》，乾隆四十七年（1782）《题文津阁》，第143页。
③ 永瑢等奏：《进四库全书表》，永瑢等撰：《四库全书总目》，第10，18页。
④ 嘉庆八年四月初七日《礼部尚书纪昀奏拟续缮〈四库全书〉事宜十条折》，中国第一历史档案馆编：《纂修四库全书档案》，第2376页。
⑤ 《诗集》卷十三《十六亭诗·自题校勘四库全书砚》，《纪文达公遗集》，顾廷龙编：《续修四库全书》第1435册，上海古籍出版社1995年版，第598页。
⑥ 阮元：《揅经室集三集》卷五《纪文达公集序》，《四部丛刊初编》本，高等教育出版社2016年版，第412册42页。

编矣。[①]

江藩：《四库全书提要》《简明目录》皆出公手，大而经史子集，以及医卜词曲之类，其评论抉奥阐幽，词理明正，识理在王仲宝、阮孝绪之上，可谓通儒矣。[②]

张之洞：今为诸生指一良师，将《四库全书总目提要》读一过，即略知学问门径矣。[③]

梁启超：清乾隆间四库馆，董其事者皆一时大学者，故所作提要，最称精审，读之可略见各书内容（中多偏至语，自亦不能免）。宜先读各部类之叙录，其各书条下则随意抽阅。有所谓存目者，其书被屏，不收入四库者也。内中颇有怪书，宜稍注意读之。[④]

四库馆就是汉学家大本营，《四库提要》就是汉学思想的结晶体。[⑤]

章梫：我朝治化莫盛于乾隆，而高宗纯皇帝于武功告成之后，即命编辑《四库全书》，是以簿海从风，蒸成善俗。[⑥]

喻长霖：乾隆时钦定《四库全书》，网罗古今一切载籍，洵足以嘉惠艺林。[⑦]

---

① 周中孚：《郑堂读书记》卷二一《钦定四库全书总目》，商务印书馆1959年版，第587页。
② 江藩：《汉学师承记》卷六，上海书店1983年版，第95页。
③ 张之洞：《𬨎轩语·语学》，清光绪八年江西书局木活字印本，第25页。
④ 梁启超：《国学入门书要目及其读法》，《国学要籍研读法四种》，国家图书馆出版社2008年版，第149页。
⑤ 梁启超：《中国近三百年学术史·清代学术变迁与政治的影响》，山西古籍出版社2001年版，第22页。
⑥ 章梫：《一山文存》卷八《杂文·拟请增辑〈四库全书〉折》，刘承干嘉业堂1918年校刊本，第11页。
⑦ 《拟请增辑〈四库全书〉奏折》，喻长霖《惺諟斋存稿》卷一文钞一《敬陈管见呈（戊申）》，《惺諟斋初稿五种》（第一册），崧岱山馆丛钞本，宣统三年铅印本，第15页。

孙同康：国家稽古右文，崇迈往牒。高宗纯皇帝命纪昀等编《四库全书》，巨目宏纲，悉由圣衷酌定，洵足悬日月而不刊，与前代官书泛称御定者未可同日而语。[①]

黄文弼：汇萃群籍，牍理井然，实千古不朽之盛业也。[②]

陈垣：于敏中以大学士总裁其事，据寻常观察，必以为徒拥虚名，机轴实出纪、陆二人之手，今观诸札，所有体例之订定，部居之分别，去取之标准，立言之法则，敏中均能发纵指示，密授机宜，不徒画诺而已。[③]

《四库提要》成书仓促，谬误本多。惟释家类著录十三部，存目十二部，谬误尚少，此必稍通佛学者所为。吾尝考之，四库馆员中以佛学名者无几，吾颇疑其出于历城周书昌永年也。[④]

《四库总目提要》有二本，一为文渊阁本，今所行阮本及粤刻小字本乃阮元督学浙江时，照文澜阁藏本所刊，与阁本多符合。一为武英殿聚珍本，乃四库馆用稿本付即。而福建、广东又覆刻殿本，与阁书每有不同。盖聚珍本为馆中初稿，迨编录改定，或先或后，或去或取，复有斟酌，不免稍歧。至书名卷数之小小不同，更无论矣。古来解题之书自汉刘向《别录》始。其后宋代之《郡斋读书志》及《书录解题》，今虽尚存，但不完全。《四库总目提要》亦往往有误谬，然足为古来解题书中之最

① 孙同康：《郑斋汉学文编》卷四《拟重修〈四库全书〉条例》，《师郑丛书》，清光绪三十四年铅印本，第1页。

② 黄文弼：《拟续编四库书目略说明书》，杨家骆主编《四库全书学典》，世界书局1946年版，第87页。

③ 陈垣：《书于文襄论〈四库全书〉手札后》，陈智超编《陈垣学术论文集》第2集，中华书局1982年版，第44页。

④ 陈垣：《中国佛教史籍概论》，上海书店出版社2005年版，第15页。

备者。[1]

鲁迅：（《四库全书简明目录》）其实是现有的较好的书籍之批评，但须注意其批评是“钦定”的。[2]

《四库全书》为中国古今图书籍之总汇，京师图书馆为首都册府，自应收藏，以宏沾溉。请即日将《四库全书》移交教育部，转发京师图书馆，以符成案。[3]

余嘉锡：愚则以为《提要》诚不能无误，然就其大体言之，可谓自刘向《别录》以来，才有此书也。……故衣被天下，沾溉靡穷，嘉、道以后，通儒辈出，莫不资其津逮，奉作指南，功既巨矣，用亦弘矣。[4]

张秀民：（《四库全书总目》）钩元提要，索隐探幽，考订异同，别白得失，简练赅洽，词明理正，善善恶恶，允得其中，依此以阅原书，则有如胸中所欲吐而未能者，提要已先我而发，此其所长也。或以“记丑言辨尸重名”责纪氏，知其妄施贬。[5]

李煜瀛：于是《四库全书》之被视为陈迹的知识金字塔者，在世界学典中竟复活起来。[6]

杨家骆：18世纪中叶以后，欧洲的法国和亚洲的中国，在初不相谋的时期中，分别以其代表西方文化和代表东方文化的资

① 陈垣著，陈智超编：《陈垣四库学论著》下编《四库全书编纂小史》批注，商务印书馆2012年版，第391页。
② 许寿裳：《亡友鲁迅印象记》，人民文学出版社1953年版，第94页。
③ 北京图书馆业务研究委员会编：《北京图书馆馆史资料汇编》（1909—1949），书目文献出版社1992年版，第58页。
④ 余嘉锡：《四库提要辨证·序录》，中华书局1980年版，第49页。
⑤ 张秀民：《评四库总目史部目录类及子部杂家类》，载《文华图书科季刊》2卷1期（1930年），第17-18页。
⑥ 杨家骆编：《四库全书学典》，世界书局1946年版，第7页。

格，各编了一部巨籍，以清算当时所认知之知识世界的一切，成为东西辉映的两大文化工程。①

从上面所描绘的轮廓，读者总可想象出《四库全书》真是人类空前的一大工程吧！就在其后一个半世纪直至今日以前，还是没有一个文化工程是可同他相比拟的。②

人类史上这样一件大事，诚然是世界上每一个人所不应忘却的史实（早于《四库全书》四十七年，用铜活字版印成的中国分类学典——《古今图书集成》，每部五千多册，其体积亦非狄岱麓学典可比，欧美各大图书馆多藏有此书，惟多为后来的影印本和重排的铅印本）。但不幸得很，人人天天歌颂在今日徒供凭吊的金字塔和万里长城，而忘却在塔下所牺牲的成千上万的冤魂，还要以之与中国北通河北南达浙江的运河以及苏伊士运河、巴拿马运河相媲美，而反而把真真与这运河有同等价值的《四库全书》抛在脑后，这是何等不幸的事啊！③

中国人占全人类五分之一，而中国文化代表世界文化领域之半，所以关于他们的最大一宗文化遗产——《四库全书》，亦即世界之重大的文化遗产，这原是毋庸疑虑的。换句话说，其世界性亦可显见。但是中国以外各国人士对这宗共同的文化遗产——《四库全书》，发生过怎样的兴趣？这一点，我们可以从他们怎样迫切地希望着此书抄本之印行，以便分藏这一事上，窥测其对此书之热烈的想望。关于中国因受世界学术界的敦促，而于

① 杨家骆编：《四库全书学典》，第1页。
② 杨家骆编：《四库全书学典》，第3页。
③ 杨家骆编：《四库全书学典》，第3页。

一九二〇到一九三五十五年间，五次掀起印行《四库全书》的运动。[1]

王欣夫：清乾隆时，编《四库全书总目》并《存目》，每种各著《提要》，号称博洽，至今仍不失为读古书者入门之钤键。[2]

任继愈、戴逸等：中国历史上留下丰富的文化典籍。尤其是清代编纂的《四库全书》，篇幅浩大，收罗广博，编纂质量极高，是中国封建学术文化的集大成。[3]

任继愈：《四库全书》的编纂是一项前无古人的文化伟业，迄今为止，她也是最能代表中华文化博大精深的载体。二百三十多年前，乾隆依托鼎盛的国力和个人的雄心，费去十余年的心力，动员全国成百上千的优秀学者的力量编成此书，这在世界文化史上是无可比拟的。[4]

傅璇琮：主持编撰《续修四库全书》，认为文津阁《四库全书》在历史上起到了很大的文献补辑的作用。[5]

季羡林：嘉惠学林，功在千秋。[6]

崔富章：《四库提要》存在阙误，事有固然。万余种典籍做出千古定评，本属不可能之事；时间所限，时代所限，史实考订

---

① 杨家骆编：《四库全书学典》，第9页。
② 胡玉缙撰、王欣夫辑：《四库全书总目提要补正》下册《跋》，上海书店出版社1998年版。
③ 任继愈、戴逸、侯仁之、杨义：《〈续修四库全书〉出版的重大意义》，《中国图书评论》2002年第6期，第10页。
④ 任继愈：《为〈四库全书〉正名》，《中华读书报》2003年8月13日。
⑤ 傅璇琮：《文津阁〈四库全书〉的文献价值》，《中华读书报》2003年8月13日。
⑥ 2004年新版线装本《四库全书》题词。

不周，议论判断失误，在所难免。[①]

陈祖武：《四库全书》的历史价值，集中地表现为对我国历代典籍的成功整理和总结。……《四库全书》按照传统的经史子集四部，区分类聚，部次群籍，把历代文献井然汇聚于一堂。尤其是《四库全书总目》的编纂，将著录、存目诸书撮举大要，评论得失，兼及作者生平里介绍。承先启后，继往开来，既是我国古代目录学集大成的著述，也为清中叶以后对传统学术的全面总结和整理，提供了一个成功的范例。虽然由于历史的局限，《四库全书》于佛、道两家典籍，意存轩轾，摒除殆尽，不能说不是一个重大的缺陷。但是作为中国古代学术文化主体的儒家学说，则得到了较为完整的整理和总结，从而使之成为批判地继承民族文化优秀遗产的一个较好的认识对象。[②]

查昌国：在我国现存的单部文献资料中，对全国区域文化研究价值最大者当首推《四库全书》。《四库全书》成书于清代乾隆年间，是我国古代最大的丛书，也是当时世界上独一无二的文化巨著。[③]

2.《四库全书》的独一无二性的记忆遗产特质

世界记忆文献遗产是指符合世界意义、经联合国教科文组织世界记忆工程国际咨询委员会确认而纳入《世界记忆名录》的文献遗产项目。要列入世界记忆遗产名录，主要应具备真实性、世界意义，有相对标准，符合珍稀性、完整性等特质。其中相对标

① 《四库提要补正·叙例》，杭州大学出版社1990年版。
② 陈祖武、朱彤窗：《乾嘉学派研究》，河北人民出版社2007年版，第46-47页。
③ 查昌国：《〈四库全书〉与区域文化研究》，《光明日报》2004年2月24日。

准包括时间性、地域性、人文性、主题、形式风格、社会精神集体意义等方面。《四库全书》正符合“世界记忆遗产名录”的各项要求。

《四库全书》是中国清代官修的大型丛书，在国内外享誉至今，作为清乾隆时期国家性的大型文化工程，它们的真实性毋庸置疑，身份和起源也无须怀疑。不仅整个纂修过程中有专门的内阁档案记录，如中国第一历史档案馆出版的《纂修四库全书档案》，还有军机处档案、谕旨、奏折、实录等文献记载，而且参与人员存留的大量笔记、文集也可予以证明。

《四库全书》的独一无二性，则是其他记忆遗产不可复制的。

在规模方面，《四库全书》迄今无有能比者。一是征书规模。四库修书，举全国之力征书，有各省采进、内廷藏书（内府本）、清初到乾隆时奉皇帝命令编撰的书（敕撰本）、私人进献书籍、《永乐大典》辑佚出的书籍（《永乐大典》本）等征收途径，形成了从地方到中央，完备的征书途径，运行秩然的机构，保证了书籍的有序征收与进呈。二是修书规模。四库修书，参与的人数众多。参加编修的名儒大家合计有360位，共与抄写任务的3800多人。当时的学界名流无不参与其事或受其影响，书成众手但不缺乏统一的体例。修书历时时间长，从乾隆三十七年（1772）乾隆皇帝下诏征求遗书，到五十二年（1787）七部《四库全书》全部抄写完毕，历时十余载才最终告成。而其后的一些增补修订工作，直到嘉庆九年（1804）才全部结束，是倾全国之力铸就的文化工程。三是收书规模。永瑢等奏《进四库全书表》

称“前千古而后万年，无斯巨帙”。《四库全书》囊括了当时中国存世的主要典籍。古今中外大型书籍，其规模都不能望其项背。四库馆总裁永瑢等所号称的“前千古而后万年，无斯巨帙”，并非虚言。

《四库全书》在辑佚保存古籍方面贡献巨大。它从《永乐大典》中辑出了几百种已失传的书籍，像班固等撰《东观汉记》、薛居正《旧五代史》、王益之《西汉年纪》、王桢《农书》《九章算术》、秦九韶《数学九章》等等。如果没有《四库全书》的辑佚保存，这些珍贵文献完全有可能随着日后《永乐大典》继续散佚而不复存在。更难能可贵的是，某些辑佚而成的书籍，它们具有独一无二的版本价值。它保存了不少珍本秘籍孤本，如它收录了宋孔传《东家杂记》宋刊本、宋林至《易裨传》的元至正间陈泰刊本、宋龙衮《江南野史》抄本，以及清冯苏《滇考》的抄本、清俞汝言《春秋四传纠正》的俞汝言手抄本等珍本秘籍。1935年上海商务印书馆影印的文渊阁《四库全书珍本初集》，影印的都是手抄的珍本，外间有刻本者，一律不印。它著录了一些本以为失传但赖四库修书查知，或原不全而因四库修书补齐的书籍。如宋郭雍《郭氏传家易说》，朱彝尊《经义考》本认为散佚，但四库修书征集到澹生堂写本入著《四库全书》；汉赵煜《吴越春秋》，所著录的纪昀家藏元大德十年丙午刊本，补了汉赵煜《吴越春秋》的《汉魏丛书》本佚注者徐天祜姓名的不足；晋常璩《华阳国志》也靠四库馆臣以影宋本补足并入著《四库全书》；宋李明复《春秋集义》，旧本佚《纲领》三卷，四库馆臣补成完书并入著《四库全书》。不少图书因《四库全书》著录得以广泛流传，如清沈名荪、朱昆田编《南史识小录》《北史识小录》没有刊本，借《四库全书》入著得以广流传。它著录了仅《四库全书》所收外无传本者，如明康万民《璇玑图诗读法》一书，除收入《四库全书》之外，未见它处著录；赵万里《四库全书孤本丛刊拟目》（一册，北平图书馆油印本）则是仅《四库全书》所收之本。这些都是独一无二、不可复制的。此外，因手抄以及删改等缘故，可以说每阁《四库全书》的每本书都具有独一无二的版本属性。而那些根据不同底本抄写而成的各阁同一部书，有的保存了同一本书的某一古老版本，版本价值不言而喻。如文溯阁本《长安志图》既非源于明成化本，又非源于明嘉靖本。而据学者研究，今存各种《长安志》（包括《长安志图》）的版本都来源于明成化本和嘉靖本。

《四库全书》在出版印刷方面的贡献。历史上规模最大的一次木活字印书成果《武英殿聚珍版书》的对外开放，为再编新书创造了条件，使新的丛书频频出现，促进了中国出版印刷事业的发展。反映《武英殿聚珍版书》刻制的《武英殿聚珍版程式》一书发展了自宋沈括《梦溪笔谈》、元王桢《造活字印书法》以来的活字印刷术，推动了清代出版事业的发展，较二者在中国活字史上的地位更重要，价值更大，为中国活字印刷史上的里程碑著作，被翻译成德英日等国文字，广为流传，对世界文化的贡献也是独一无二的、不可复制的。

《四库全书》在装帧典藏方面的创新。以代表春夏秋冬的绿红蓝灰四色装帧经史子集四部书籍、仿天一阁样式并有所创新的藏书楼的建制，开中国公共图书馆先河的所主张的仿照佛道二家藏书提倡儒藏说及其具体实践——翰林院底本与南三阁《四库全书》对世人开放，以及抄写七份分贮七地的典藏方式，都是独一无二、不可复制的。

由四库修书而提炼出的治学方法，达到的治学高度，以及奠定的乾嘉学术及其学派，在中国历史上都是前无古人，难以超越的，是独一无二、不可复制的。

《四库全书》从成书之日起，便以代表东方文化的身份获得了世界性地位。它代表了中国乾嘉时代文化成就，反映了这个时代的发展变化。它包含了中国，以及以中国为中心的东方文化，乃至西方世界的关键性信息，具有中国古籍编纂保存的独特性，代表了本土及周边，乃至西方世界想要了解的关键性信息，描述了中国历史上消失了的地理环境城市或某些机构。四库修书之时，就有传教士把它纂修的消息传回欧洲。1878年，迈耶斯发表了一篇《中华帝国文汇》（“*Bibliography of The Chinese Imperial Collections of Literature*”）的文章，介绍了《四库全书》及其修纂等事宜。世界各国人士迫切希望印行《四库全书》抄本，而中国1920年至1935年15年期间因受世界学术界敦促，5次掀起影印《四库全书》的运动，也是《四库全书》拥有世界性地位的明证。其间，《四库全书》曾作为国礼被赠了各国。

学者们则把《四库全书》放在世界文化背景下，既视之为陈迹的知识金字塔，还把它与狄德罗《百科全书》相比，认为《四库全书》代表了18世纪以中国为中心的东方知识世界，狄德罗《百科全书》代表了18世纪以法国为中心的西方知识世界，认为《四库全书》在某些方面还超过狄德罗《百科全书》。通过与狄德罗《百科全书》比较，肯定了《四库全书》的世界性地位。《四库全书》可以媲美万里长城、大运河，乃至苏伊士运河、巴拿马运河和金字塔。而世界上大型类书收录《四库全书》，也说明了《四库全书》的世界性地位。

当然，它的世界性地位，基于它自身丰厚的历史文化与社会价值。《四库全书》汇聚了18世纪及其以前，尤其是明代以前中国的重要典籍，集中展示了中华传统文化精华，是清中期荟萃群籍，总汇古代知识，确立中国古代思想文化，以及学科体系和知识系统的重要丛书。它“嘉惠学林，功在千秋”，以官方力量确立的汉学一尊学术导向，奠定了乾嘉学术及其学派的基础，并促使中国学术文化进一步展开全面整理总结。它引发了对中西古今问题的思考、评判与总结，国人至今仍需正视与继承。因修纂而编撰的副产品《四库全书总目》等，既指引了读书治学门径，为学者读书治学津梁，更突显了国人当时的知识分类谱系。它也著录了中国之外的书籍，与所著录的中国书籍一道，代表了18世纪以中国为中心的东方知识世界，并展示了它们对西方世界的认知，是世界文化的重要组成部分，在世界文化史上意义重大。

《四库全书》是屈指可数的能提供完整清晰认知中国文明18世纪及其以前的发展，以及与外部世界互动轨迹的平台。可以说《四库全书》解读了18世纪及其以前中国文明的进程，传承了中华优秀传统文化，延续了中国文脉。如果没有《四库全书》，人类将损失一个能提供梳理中国18世纪及其以前文明发展脉络，以及了解18世纪以中国为中心的东方知识世界状貌的至关重要的平台，并且，一旦它消失，这些记忆遗产中某些没有单行本的遗产也将会随之消失，某些仅存于其中的文明信息会随之消失，会影响对中国18世纪及其以前文明发展脉络的追寻，影响18世纪以前中国文明的完整性，进而会影响对世界文明足迹的追寻，这对世界文化将是重大损失。《四库全书》是一个时代及其文化的代表，如果它消失了，它所代表的时代及其文化信息，也会受到重创，形成断层。当然，从其他渠道溯源寻流，也或多或少能有所弥补。不过，这个工作量会相当大，而且极可能会事倍功半，甚至难以达到完整、系统、清晰的效果。而要获知18世纪以中国为中心的东方知识世界完整状貌，自然远没有从《四库全书》入手求寻便利，且系统、明晰、全面。

历史已经证明，《四库全书》的部分消失，曾产生的巨大影响。一是毁灭了世界文化瑰宝，摧残了中华文明，是中华及其文明的巨大损失与耻辱，也是世界文明的巨大损失。文宗、文汇、文源三阁《四库全书》被毁，中国各界人士无不扼腕叹息痛失文明之星。以中国文明在世界文明史中的地位，对世界文明而言，这无疑也是巨大的损失。二是学界痛失读书治学的良友佳朋。在出版印刷技术尚不发达，公共图书馆还没有建立的中国，对士林开放《四库全书》底本及江南三阁《四库全书》，才使士林获得了广泛阅读的良机，为他们治学提供了方便。如当时许多学者读书治学就曾得益于文澜阁中藏书。如陈奂《毛诗传疏》、胡培翚《仪礼正义》、谢启昆《小学考》都曾借助文澜阁本而成书，而钱熙祚为刊刻《守山阁丛书》就曾三次赴文澜阁抄校。文澜阁《四库全书》不仅为各类丛书刊刻提供了珍贵善本，而且为学者进行研究提供了可靠资料。故而，《四库全书》底本及江南三阁《四库全书》的被毁，对中国文化，以及学术文化界造成了不可估量的损失，且无法弥补。三是激发起中国人的爱国热情。各界人士勠力抢救修缮阙书，重振文化。因战火大部分散佚的文澜阁《四库全书》，引起有识之士和政府高度重视，从当地士绅丁丙、丁申以家资自觉抢救书籍并组织补抄整理书籍，到清政府、民国政府、中华人民共和国先后参与补抄补购、抢救保护等工作，历经几十年，方使文澜阁《四库全书》再成完书，珍藏至今。文化不灭，国家才会永存，中国人在保护抢救文澜阁《四库全书》过程中体现出的高度自觉的爱国精神，影响深远，愈久弥浓。

它与社会主义核心价值观相辅相成，足可担当起促使当今社会再认识传统，传承优秀传统文化，振奋民族精神的重任。而《四库全书》是中华传统文化载体之一，当年修纂它，意在倡导读书，普及传承优秀传统文化，保存延续文脉。今天我们回过头来再次审视它，也要继承它光大中华优秀传统文化的精神，肯定它在世界文化史上不可或缺的地位。

《四库全书》的当代价值正在不断被发掘。人们从《四库全书》中寻找古人的思想智慧，寻找读书治学的门径、文化传承脉络、药世济人良方。此外，面对日益发展的书籍数字化浪潮，《四库全书》与某些大型电子书相比，所涵括的内容可能不再是最丰富的，但它依然是中国历史上有文字记载以来所存文献的最大集合。它所担负历史记忆与时俱进，不同时代不同人群都能从中找到自己所需。

以《四库全书》申遗为契机，吸引世界注意力，必将有利于扩大《四库全书》的影响力，引起各界更广大范围的关注，提升文化自信，加强对《四库全书》的重视与保护，促进对《四库全书》的研究，推动“四库学”学科建设。而世界记忆遗产名录加入《四库全书》，也有利于推动其他各国积极申请世界记忆遗产名录，为世界文明添砖加瓦。

文本篇

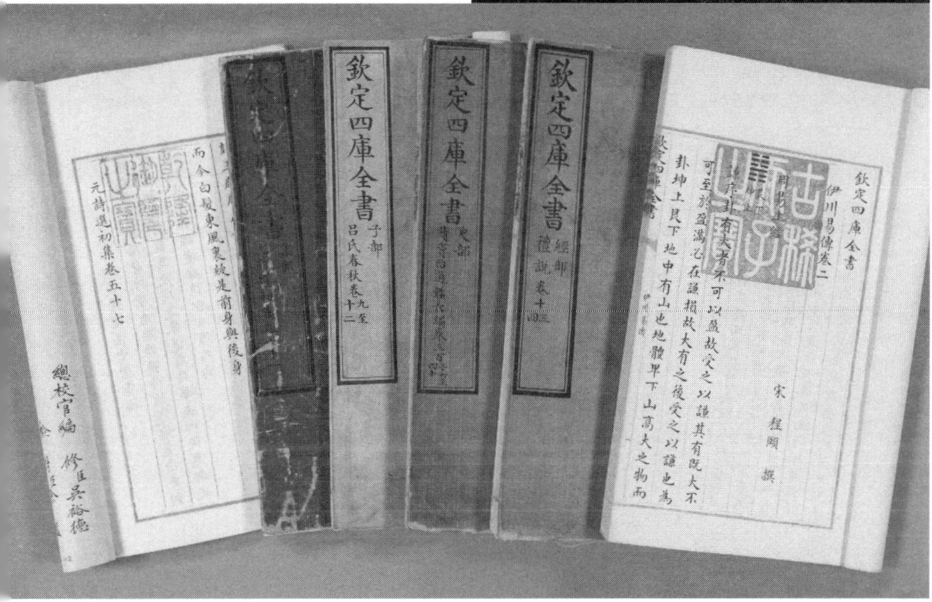
欽定四庫全書
子部
呂氏春秋卷九至十二
欽定四庫全書
史部
欽定四庫全書
經部
禮說卷十三 十四
欽定四庫全書
伊川易傳卷二
宋 程頤 撰
元詩選初集卷五十七

四库名词佳句赏析

先天下之忧而忧，后天下之乐而乐。

【语源】

出自北宋政治家、文学家范仲淹《岳阳楼记》：“予尝求古仁人之心，或异二者之为，何哉？不以物喜，不以己悲；居庙堂之高则忧其民，处江湖之远则忧其君。是进亦忧，退亦忧。然则何时而乐耶？其必曰‘先天下之忧而忧，后天下之乐而乐’乎。噫！微斯人，吾谁与归？”

——《范文正公文集》卷三，（北宋）范仲淹（《文渊阁四库全书》集部别集类《范文正集》 卷七，第1089册，第623页下栏）

“先天下之忧而忧，后天下之乐而乐”之“忧”，指担忧，忧虑。此句的意思是在天下人忧愁之前先忧愁，在天下人都享乐之后才享乐。此文是范仲淹为朋友滕子京重修岳阳楼而作。滕子京与范仲淹同榜考中进士，同志趣，共荣辱。滕子京在被贬岳州（今湖南岳阳）任上，重修岳阳楼，请范仲淹为之题记，并附《洞庭晚秋图》。滕子京本意为请范仲淹写景状物，范仲淹却借题发挥，既发抒豪情壮志，也不免几许悲凉慷慨，既自勉也勉励朋友。范仲淹这一写，虽出滕子京之意料，但应更令滕子京欣喜于知音之谊。同时，也因为范仲淹这一笔，岳阳楼更名动五湖四海，令文人墨客，乃至将相贵胄不远千里而至，登临感兴，感受“洞庭天下水，岳阳天下楼”，感受“有史以来天地间第一流人物”的气度与胸襟。

【赏析】

中国的隐士多士人，但隐居后就绝然尘世的，几乎没有，朝堂的污秽仍是他们的议论内容。中国历史上有清议、有清谈、有玄学，不食君禄，远遁山林的境界虽然常为入仕者向往，但真正有几人能做到？“醉翁之意不在酒，在乎山水之间也”亦是醉后所言，一番牢骚后，仍旧回归本位。即使孔子欲归隐，他遴选的结果亦只有子路一人具备跟随的素质，“从我者其由与”。而范仲淹失意之际更概括出的“先天下与后天下”的忧乐观，言高志洁，心系苍生，但终究也不过是封建时代士人理想无法实现，不得已求诸立言以期宣泄的表现，无异于一种悲哀。不过，正是当年他们的痛楚，使其留下为家为国的警世恒言，令后代子孙以之为安身立命的最高境界，心怀家国，为家国奉献青春和热血。当然，时代发展到今天，范仲淹等的无奈早就一去不复返，国康民阜，文物兴盛，知识分子也各安其所，但另一种不良风气却潜滋暗长。着眼于此，我们应当适时提倡承继先人的忧乐观，置一己私利于后，视人民利益高于一切，并作为一种理想去追求和实现。

生于忧患，死于安乐。

居安思危，有备无患。

【语源】

“生于忧患，死于安乐”出自《孟子·告子章句下》。孟子曰：“舜发于畎亩之中，傅说举于版筑之间，胶鬲举于鱼盐之中，管夷吾举于士，孙叔敖举于海，百里奚举于市。故天将降大任于是人也，必先苦其心志，劳其筋骨，饿其体肤，空乏其身，行拂乱其所为，所以动心忍性，曾益其所不能。人恒过，然后能改；困于心，衡于虑，而后作；征于色，发于声，而后喻。入则无法家拂士，出则无敌国外患者，国恒亡。然后知生于忧患而死于安乐也。”

——《孟子注疏》卷十二，（东汉）赵岐注，（北宋）孙奭疏（《文渊阁四库全书》经部四书类《孟子注疏》 卷十二下，第195册，第281页下栏）

“生于忧患，死于安乐”的意思是指忧愁、患难可以使人生存，而安逸、享乐可使人灭亡。现在主要指艰难困苦的生活能够磨炼人的意志，使其勇往直前，不断进取；安逸的生活容易使人堕落，不思进取，从而逐渐走向颓废和灭亡。

“居安思危，有备无患”出自《左传·襄公十一年》。“《书》曰：‘居安思危’。思则有备，有备无患。敢以此规。”

——《春秋左传正义》卷三十一，（周）左丘明传，（晋）杜预注，（唐）孔颖达疏（《文渊阁四库全书》经部春秋类

《春秋左传注疏》（二） 卷三十一《襄公》，第144册，第67页下栏）

“居安思危”在《周书·程典》作“于安思危”。《战国策·楚策四》“臣闻之《春秋》，于安思危，危则虑安”，也是用的“于安思危”。“于”和“居”的意思相同，都是指处于。思，想。“居安思危，有备无患”的意思是居于安定而思考危险，考虑到危险就会有所准备，事先有了防备就可以避免祸患。所以我们要随时做好应对危险的思想准备。

【赏析】

圣人可以起于田野，将相可以举于行市，何况凡夫俗子。逆境可以铸就千古佳话，成就千秋伟业；顺境则往往导致破败与毁灭，此乃千古不变的真理。孟子先前及以后的历史均不断演绎着此等真谛。大而言之，可以关涉国家兴衰败亡。范蠡一席勾践可以共患难而不能共富贵的话语，以及日后的应验不能不令当年勾践的卧薪尝胆顿时添了几许矫情与作态，虽然历史并非如此。霸王别姬的故事虽然凄美动人，但霸王富贵不归故乡，沐猴而冠，却顿然令人感叹英雄气短。郭沫若甲申三百年（1944）之际祭李自成，其实也祭祀了历代忧患中崛起、安乐中败亡的君主。困苦时同仇敌忾、勠力奋发，安乐时君臣将相离心离德，历史鉴戒不可不谓深刻。倘能居安思危，有所警惕，有所准备，一切祸患都可避免。小而言之，则可以由国家推及个人生死祸福，工作得失成败。

生财有道，生之者众，食之者寡，为之者疾，用之者舒。

【语源】

出自《礼记正义·大学第四十二》："生财有大道，生之者众，食之者寡，为之者疾，用之者舒，则财恒足矣。"

——《礼记正义·大学第四十二》，（东汉）郑玄注，（唐）孔颖达疏（《文渊阁四库全书》经部礼类《礼记注疏》（二）卷六十《大学》，第116册，第482下栏）

"生财有道"原为"生财有大道"。意思是，生财有大道，生产财产的人多，消耗财产的人少，谋财的人讲效率，用财的人节俭，这样财物就会时时丰足。

【赏析】

封建时代每次需要赋税制度改革之际，均是在国家出现危机之时，所以虽然有一些赋税制度改革，初衷是良善的，并且改革前期还是有一定成效的，但到中后期却因为内部错综复杂的斗争，以及具体实施过程中诸多阻挠，与地方官员理解不够，实施不得法，执行不得力，反而令百姓赋税加重，困苦不堪。无论是唐代杨炎的"两税法"，宋代王安石的"青苗法"，明代张居正的"一条鞭法"，均不能脱离这个怪圈。更莫说颇昏聩不理朝政几十年的如万历之类的君主所进行的赋税改革。万历赋税改革，旧饷五百万，其末年加薪饷九百万。万历也曾精简冗员，其结果是他的政府的财政支出减少了，他的腰包却大鼓，而诸如一地知县管理几个县的状况，亦使很多事得不到及时处理，政府办事效率低下，国家一天天滑坡。在繁重的赋税下，无以求生的百姓，揭竿而起，明朝最终亡国。有着亡国切肤之痛的明末清初著名思想家黄宗羲痛定思痛，总结历代兴亡，于封建时代历代赋税制度尖锐地提出了赋税制度改革有“三害”的观点，即“积累莫返之害，有所税非所出之害，有田土无等第之害”。他认为，封建时代历代每赋税改革一次，赋税反而加重一次，而且一次比一次重；农民种粮食却要等生产的产品卖了之后用货币交税，中间受商人的一层剥削；不分土地好坏都统一征税。他的总结被现代学者秦晖定义为“黄宗羲定律”。不过，“黄宗羲定律”针对的是黄宗羲自己及其以前的封建时代。时易世移，中国的今天，“黄宗羲定律”本就失去了生存的环境，今天的农村赋税改革是要改革农村不适应生产力发展的上层建筑的某些环节，精简机构和人员，彻底解决农民的负担，并且加大财政对农村的支持力度，最终把一切不应该向农民收取的税费，全部减下来，这才是今天农村赋税改革的目标，有别于历代任何一次农村赋税改革。

安危相易，祸福相生。

【语源】

本句出自战国宋国庄周《庄子·则阳》：“安危相易，祸福相生；缓急相摩，聚散以成。”

——《庄子集解》卷七《杂篇》（《文渊阁四库全书》子部道家类《庄子注》卷八，第1056册，第129页上栏）

易，变易，转变。“安危相易，祸福相生”意思是安定与危难可以互相转化，灾祸与幸福可以交替产生。

【赏析】

庄子告诉我们万物都一样，物无非彼，物无非是；生死亦无所谓，方生方死，方死方生；做事方可方不可，方不可方可；是非无所谓，此亦一是非，彼亦一是非。世间万物皆有阴阳，均能相互转化，达致中和，即“万物负阴而抱阳，中气以为和”。因此，平安与危难可以互相转化，灾祸与幸福互为因果。物极必反，水满则溢。困苦之际要看到希望，危难之际要寻找光明，正所谓“仁者不以安危易节，义者不以祸福易心”。灾祸只是暂时的，“塞翁失马，焉知非福”。我们应该明白客观事物的变化，都是由于矛盾双方相互作用而引起的，安危因素共存于一切事物运行过程中。突如其来的灾难虽然让我们备受打击和煎熬，但它也激励着我们萌发出战胜逆境的坚强信念。一个真正有勇气的民族是不会为困难所胁迫的，反而会更加奋进，更加勇往直前。因为它从逆境和苦难中学会了勇敢和坚强，学会了如何在跌倒的地方站得更稳。只要同心协力奋勇前进，就会渡过难关，开创新局面。

这就是对“安危相易，祸福相生”的最好诠释，这就是我们在面对困难时应有的态度和精神。

厚德载物。

【语源】

出自《周易·象辞上传·乾卦》：“地势坤，君子以厚德载物。”

——《周易正义》，（三国·魏）王弼、（晋）韩康伯注，（唐）孔颖达正（《文渊阁四库全书》经部易类《周易注疏》卷二，第7册，第330页上栏）

【赏析】

“厚德载物”是一个汉语成语，指重视品德像大地一样能容养万物，容纳百川。今多用来指以崇高的道德、博大精深的学识培育学子成才。厚德载物整句话解作：只有行善积累厚厚的功德才能承受得起你今天所拥有的物质和精神文明。享受得多、拥有得多，就越需要更多的积功累德。

人有聪明和愚笨之分，就如同地形有高低不平，土壤有肥沃贫瘠之分。农夫不会为了土壤贫瘠而不耕作，君子也不能为了愚笨不肖而放弃教育。天地间有形的东西，没有比大地更厚道的了，也没有什么不是承载在大地上的。所以君子处世要效法“坤”的意义，以厚德对待他人，无论是聪明、愚笨还是卑劣不肖的都给予一定的包容和宽忍。

艰难困苦，玉汝于成。

【语源】

“玉汝”出于《诗经·大雅·民劳》：“王欲玉女，是用大谏。”

——《毛诗正义》，（西汉）毛亨传，（东汉）郑玄笺，

（唐）孔颖达疏（《文渊阁四库全书》经部诗类《毛诗注疏》卷二十四，第69册，第800页下栏）

“玉汝于成”出自《正蒙·乾称篇第十七》。原文为：“富贵福泽，将厚吾之生也；贫贱忧戚，庸玉女于成也。存，吾顺事；没，吾宁也。”

——（北宋）张载著《张载集·正蒙》（《文渊阁四库全书》子部儒家类《张子全书》卷三，第697册，第143页下栏）

“艰难困苦”经常与“玉汝于成”搭配使用。原意中的汝，即你。玉汝：像爱惜玉一样爱护帮助你。“艰难困苦，玉汝于成”的意思是：艰难困苦，能够帮助你获得成功。

【赏析】

倘若要探究前贤先圣的心影，追寻历代有成就的将相帝王的足迹，我们不难发现，艰难困苦是促使他们成功的重要因素。孟子的名篇《孟子·告子章句下》与这个道理可以互为注脚。舜从田野中起身。磨难艰辛成就了他。殷王武丁的丞相傅说是从筑墙的泥水匠中被选拔出来的。当傅说做泥水匠时，他又有何等的无奈与期许！商纣王虽为暴君，但他也有贤臣。他其中的一个贤臣胶鬲起初是贩卖鱼和盐的。然而，胶鬲贩卖鱼和盐亦不忘宏图大志。不过，胶鬲是周文王发现举荐给纣王的，所以自然后来顺理成章地辅佐周武王了，使齐桓公称霸的管仲有过牢狱之灾。这里，管仲身仕二主我们不去探讨其是非。但我们知道管仲为齐桓公成就霸业，从开始为齐桓公所用到具体谋划，也并非坦途。他要战胜自己，排除他人对自己身仕二主的非议。他要改革，得排除一切阻力。齐桓公的霸业，从某种程度上可谓管仲经历的艰难困苦的缩影。孙叔敖是楚庄王从隐居的海边举用为令尹的。在隐居的岁月里，孙叔敖是怎样隐居而坚持修身养性，待时而动。而待时而动所需要的毅力与煎熬，不比在位的积极进取少。春秋时期虞国大夫百里奚，虞王被俘后，他由晋入秦，再逃到楚，后来秦穆公用五块黑色公羊皮把他赎了出来，任命为大夫。百里奚亡命天涯之际，经历了多少痛楚与屈辱，但他最后得见光明。由此，孟子的结论是，上天将要降大任到一个人身上，一定会先使他心志困苦，使他筋骨劳乏，使他经受饥饿之苦，以致肌肤消瘦，使他受穷困之苦，扰乱其人业已开始的行动。这样来使他的心灵受到震撼，使他的性情坚韧起来，增加他所不具备的能力。每个人都会犯错误，但只有在跌打滚爬中，人才能进步得更快；只有碰壁后，心有所郁积，然后才能改进，更加奋发；显露在脸色上，表达在声音中，然后才能被人了解。个体如此，国家亦不例外。

曾受范仲淹“儒家自有名教”之教，集儒家之大成，出入儒释道的张载融合了儒释道精义，当然也吸收了孟子的忧乐观，遂有“贫贱忧戚，庸玉女于成”，后人又演为“艰难苦困，玉汝于成”，使之更加通俗易懂。要想成大器，经历这一境界，不无必要。

疾风知劲草，患难见真情。

【语源】

“疾风知劲草”出自《后汉书·王霸传》：“颍川从我者皆逝，而子独留，始验疾风知劲草。”

——（宋）范晔撰《后汉书·王霸传》，（唐）李贤等注（《文渊阁四库全书》史部正史类《后汉书》（一）卷五十列传第十《王霸传》，第252册，第581页上栏）

意思是：从颍川跟随我的人都跑光了，却只有你留了下来。只有经过狂风的考验，才知道哪种草是强劲的。

【赏析】

王霸投奔刘秀时，刘秀既夸赞又许诺。夸赞王霸是梦想中的贤士，许诺与王霸患难与共、富贵同享，鼓励王霸尽心竭力与自己一道共图大业。刘秀的确没有看错王霸。后来与王霸一道投奔刘秀的颍川人，除王霸一人依然忠心耿耿效命左右外，其余均跑光了。刘秀感慨之余，以“疾风知劲草”夸奖王霸的忠贞，再次鼓励王霸和自己勠力时艰，争取最后的胜利。随着刘秀的成功，刘秀夸赞王霸之语，也被载入历史。此语，以刘秀贵为一国开国皇帝的金口玉言，以及其本身对人性检验的应证，遂成为经典，屡被引用。唐太宗李世民夸赞萧瑀也用了此语。在《赐萧禹》中，唐太宗道：“疾风知劲草，板荡识诚臣。勇夫安识义，智者必怀仁。” 除用这个词语外，还把“板荡识诚臣”与这个词语对用。“板”与“荡”实际是《诗经·大雅》里两篇文章之名，均是在讽刺周厉王无道。唐太宗在这里借用来指危急动乱，对

“疾风知劲草”做出了进一步解释说明，也与之互相映衬，感谢当年萧瑀在唐高祖面前不顾危险保全自己，也原谅了萧瑀的耿介，肯定了萧瑀的忠贞。

确然，风吹得猛烈，才知道草的刚劲。只有在危难时才显出人的意志，看出人和人之间的真情。古往今来，面对突如其来的灾难，华夏儿女总会团结在一起，众志成城，同仇敌忾。

上不怨天，下不尤人。

【语源】

出自《礼记正义·中庸第十四》：“君子素其位而行，不愿乎其外。素富贵，行乎富贵；素贫贱，行乎贫贱；素夷狄，行乎夷狄；素患难，行乎患难。君子无入而不自得焉。在上位，不陵下；在下位，不援上。正己而不求于人，则无怨。上不怨天，下不尤人。故君子居易以俟命，小人行险以侥幸。”

——《礼记正义·中庸第十四》，（东汉）郑玄注，（唐）孔颖达疏（《文渊阁四库全书》经部礼类《礼记注疏》（二）卷五十二《中庸》，第116册，第357页上栏）

又同书《宪问》子曰：“不怨天，不尤人，下学而上达。知我者其天乎！”怨，埋怨。尤，责怪，归咎。

“上不怨天，下不尤人”，此为“素患难行患难”的本分。倘若皆需要应对患难，则亦心甘情愿安然处之，不应上抱怨于天下责怪于人，因此《论语》云：“不怨天不尤人”，提醒君子要以正确的态度去积极应对已经发生的事件。

【赏析】

人生不会处处得意。面对失意，应该具有的品质是“上不怨天，下不尤人”，亦即对上不应抱怨天，对下不责怪别人。这早在春秋战国时期就已经成为人们追求的一种处事原则。既然事情已经发生，积极的态度应该是追根溯源，阻止事态的进一步扩大，避免潜在的更大的灾难与损失。同时，应理智地告诫自己应当安于现在所处的位置去做分内之事，不生非分之想。君子无论处于什么情况下都要安然自得。倘若一味抱怨指责，于人不利，于己更不利。不但不利于事情的缓和，而且危难关头，将不会有任何朋友伸出援手，助你渡过难关，更会让你有困苦之感，精神陷于极度的孤独与苦闷之中。

老吾老以及人之老，幼吾幼以及人之幼。

【语源】

出自《孟子·梁惠王上》：“老吾老，以及人之老；幼吾幼，以及人之幼。”

——《孟子注疏》，（东汉）赵岐注，（北宋）孙奭疏（《文渊阁四库全书》经部四书类《孟子注疏》卷一下，第195册，第31页上栏）

释义：在赡养孝敬自己的长辈时，不应忘记其他与自己没有亲缘关系的老人。在抚养教育自己的小孩时，不应忘记其他没有血缘关系的小孩。

【赏析】

老吾老以及人之老：第一个“老”字是动词“把……当老人赡养”的意思，第二及第三个“老”字是名词“老人”、“长辈”的意思；幼吾幼以及人之幼：第一个“幼”字是动词“把……当孩子抚养”的意思，第二及第三个“幼”字是名词“子女”、“小辈”的意思，两句中的“及”都有“推己及人”的意思。孟子在描述他理想的社会时说：“老吾老，以及人之老；幼吾幼，以及人之幼。”这与孔子对大同之世的理解：“故人不独亲其亲，不独子其子，使老有所终，壮有所用，幼有所长，矜、寡、孤、独、废疾者皆有所养”的思想是一脉相承的。

师者，所以传道受业解惑也。

【语源】

语出韩愈《师说》：“古之学者必有师。师者，所以传道受业解惑也。人非生而知之者，孰能无惑？惑而不从师，其为惑也，终不解矣。生乎吾前，其闻道也固先乎吾，吾从而师之；生乎吾后，其闻道也亦先乎吾，吾从而师之。吾师道也，夫庸知其年之先后生于吾乎？是故无贵无贱，无长无少，道之所存，师之所存也。”

——（唐）韩愈《韩昌黎集》卷十二（《文渊阁四库全书》集部别集类，第1075册，第199页上栏）

“古之学者必有师。师者，所以传道受业解惑也。”师，老师。原文的意思是古代求学的人必定有老师。老师，是用来传授道理、讲授学业、解答疑难问题的。

【赏析】

古人对品德的要求是很高的，没有高尚的品德，也会连累文名等。宋徽宗瘦金书虽然把书法推向一个新阶段，因为失德，历史给予他身心无尽惩罚外，还累及了他的书法。对学者，古人则在“才、学、识”的要求之外，加一“德”的要求。在古人看来，无有德行，学问也是做不好做不大的。对为人师表的教师，古人更是把“德”放在第一位。“德高”方为师，“身正”才为范。身正不令而行，身不正虽令不从。

学而时习之，不亦说乎？

【语源】

出自《论语》：“子曰：‘学而时习之，不亦说乎？有朋自远方来，不亦乐乎？人不知而不愠，不亦君子乎？’”

——《论语》十二章（《文渊阁四库全书》经部四书类《论语注疏》，第195册，第534页上栏》）

习：练习、实践。亦：也，语气词，起强调作用。时：适当的时机。之：代词，这里指学过的知识。说：通假字，通“悦”，表示高兴、愉快的意思。乎：语气词。曰：说。全句翻译：在学习过程中不断地实践和锻炼提升所学习得到的成果收获，不也是快乐的事吗？

【赏析】

“学而时习之，不亦说乎”为《论语》开篇首章首句，“学”的含义是学习与教学，是孔子毕生奉行的事业，其自身好学不厌，同时又诲人不倦，《论语》开篇论“学”，抓住了孔子学说的关键与纲要。通常对这句话的理解是：“学问是要大家随时练习它，不也高兴吗？”（南怀瑾《论语别裁》）“学了，然后按一定的时间去实习它，不也高兴吗？”（杨伯峻《论语译注》）这些理解从字面上看都是十分确切的，但再细加思考，则略显简单，“学”并不仅仅包含需要温习、练习的学问，还有学而致用的意思。而“习”并不是现代汉语中的学习、温习之意。“习”，是古语，繁体字为上面一个羽翼的“羽”下面一个“白”，表示鸟要长用羽才能飞。现一般译为，“学习而经常实践并养成习惯，不是很愉快吗？”实际上，这句话是说“把学到的东西加以应用，岂不令人愉悦吗？”是学以致用的意思。就在同一章，三个段落之后，孔子再一次使用了“时”字：“道千乘之国，敬事而信，节用而爱人，使民以时。”而那个“时”的解释是时节、时机！如此一来，问题就明了了，这个“学而时习之”的“时”也应该解释成时机！由此，它的解释就变成了：“学习到的东西，在适当的时机，被用上了，不是很快乐吗？”回顾人生中的快乐之事时，都是学习、时机、实践三者遇到一起时产生的，孔子的人生体验刹那间与我们如此接近。不仅如此，“学而时习之，不亦悦乎！”一下就变得不那么平常了。它不仅在描述学习、时机、实践与快乐的关系，而且一语道破了人生的真谛，孔子用最简单的话阐述了“快乐人生”这一个他的思想中最重要的主题，“学而时习之，不亦说乎！”实际上是人生观。

世易时移，变法宜矣。

【语源】

出自《吕氏春秋·察今》：“治国无法则乱，守法而弗变则悖，悖乱不可以持国。世易时移，变法宜矣。譬之若良医，病万变，药亦万变。病变而药不变，向之寿民，今为殇子矣。故凡举事必循法以动，变法者因时而化，若此论则无过务矣。夫不敢议法者，众庶也；以死守者，有司也；因时变法者，贤主也。是故有天下七十一圣，其法皆不同。非务相反也，时势异也。”

——《吕氏春秋·慎大览第三》（《文渊阁四库全书》子部杂家类《吕氏春秋》卷十五，第848册，第397页下栏）

原文的意思是，治理国家没有法令制度就会混乱，死守法度却不加改变就会发生谬误，混乱和谬误都不能治理好国家。社会不同了，时代改变了，改变法令制度是应该的。比如好的医生，病症千变万化，下药也随之千变万化。病症变了而药不变，本来可以长寿的人，如今就会成为短命的人。所以做事情一定要根据法令制度来进行，变法的人要随时代的变化而变化。如果懂得这个道理，那就没有错误的事了。那些不敢议论法度的，是一般的百姓；死守法度的，是各种官吏；顺应时代变法的，是贤明的君主。因此，统治过天下的七十一位帝王，他们的法令制度都各不相同。并不是他们有意要彼此相反，而是因为时代与形势不同。

【赏析】

“世易时移，变法宜矣”是我国古代有识之士的历史经验总结。它要求我们做事情一定要视情况而定，懂得因时因地制宜，而不能墨守成规。历史是不断向前发展的，随着时代的变化，相应的法规、政策也应该做出适时的变化，要世易时移，顺应大势所趋，因势利导。古今中外各国的发展历史都验证了这一道理。商鞅是战国时期著名的政治家，他强调“治世不一道，便国不法古”，从而在秦国进行了轰轰烈烈的改革，这一改革对战国末年秦国的崛起发挥了重要的作用。最后商鞅虽死，但新法却被延续了下来，这也是后来秦之所以能够灭六国，建立起统一国家的一个重要原因。

荆国想攻打宋国，派人先去测量了澭水的深浅。哪知测完之后，澭水暴涨，荆国人一点不知道，还是根据先前测得的水的深浅，选了一个夜晚的时间去渡河。当然，溺死已经是不可避免的了。刻舟求剑不能寻回剑，与这个故事，道理是一样的。事情是每时每刻都在发生变化的，历史如此，社会如此，任何事物亦是如此。西方哲学家赫拉克利特说，人不能两次踏进同一条河流。道理也是一样的。假如事情已经发生了变化，而我们的策略还处在原来的状态，则会得到“悖乱不可以持国”的必然结果。

见贤思齐。

【语源】

出自《论语·里仁》。子曰：“见贤思齐焉，见不贤而内自省也。”

——《论语·里仁》（《文渊阁四库全书》经部四书类《论语注疏》卷四，第195册，第565页下栏）

贤：德才兼备的人；齐：看齐。见到德才兼备的人就要向他看齐。

【赏析】

这是孔子说的话，也是后世儒家修身养德的座右铭。“见贤思齐”是说好的榜样对自己的震撼，驱使自己努力赶上；“见不贤而内自省”是说坏的行为对自己的“教益”，要学会吸取教训，不能跟别人堕落下去。孟子的母亲因为怕孟子受到坏邻居的影响，连搬了三次家；杜甫写诗称“李邕求识面，王翰愿为邻”，都说明了这种“榜样的作用”。假如每个人都能严格要求自己，做到见贤思齐，见不贤内自省，那么就会形成良好的社会风气，社会主义精神文明建设就会得到长远的发展。

安不忘危，治不忘乱。

【语源】

出自《周易·系辞下》。“是故，君子安而不忘危，存而不忘亡，治而不忘乱，是以身安而国家可保也。”

——《周易正义》卷八，（三国·魏）王弼、（晋）韩康伯注，（唐）孔颖达正义（《文渊阁四库全书》经部易类《周易注疏》卷十二《系辞下》，第7册，第558页上栏）

“安不忘危，治不忘乱” 。治，安定。原意是在安全的时候不忘记危难，在安定的时候不要忘记可能发生动乱。意在强调处事要小心谨慎，时刻提高警惕，不能疏忽大意，松懈怠慢。

【赏析】

“安不忘危，治不忘乱”，这一千古名言早已成为我们生活中最为深刻的教诲和告诫。人不能没有忧患意识，一个国家要前进，一个社会要和谐，全体民众要安康幸福，忧患意识是必不可缺少的。今日的担忧，往往是为了明日的安康。翻开中国的历史长卷，无数历史均在验证着这一圣古名言。中国历史上的第一个封建统一王朝秦朝之所以会二世而亡，就是因胡亥昏庸无能，失信于民，使秦王朝政权毁于一旦。隋王朝也因朝政腐败、奢华无度而迅速垮台。但是汉高祖却坐稳了江山，唐太宗李世民也开创出了“贞观之治”的丰功伟业。这与他们“安不忘危，治不忘乱，虽知今日无事，也须思其始终”的忧患意识息息相关、密不可分。具体而言，忧患意识就是要在国泰民安时，仍能兢兢业业，日夜操劳；在天下太平时，仍需要有严加防守、从不松懈的精神和态度；在事业有成时，仍能保持头脑清醒，继续奋发等等。真正有远见的人，应该做到安不忘危，存不忘亡，治不忘乱。只有这样，才能使身家性命和江山社稷得以保全；也只有这样才能成就一番伟业，才能出现国泰民安的繁荣景象。

海不辞水，故能成其大；

山不辞土石，故能成其高。

【语源】

出自《管子·形势解》：“海不辞水，故能成其大；山不辞土石，故能成其高；明主不厌人，故能成其众；士不厌学，故能成其圣。”

——（周）管仲撰《管子·形势解》，（《文渊阁四库全书》子部法家类《管子》卷二十，第729册，第210页下栏）

“海不辞水，故能成其大；山不辞土石，故能成其高”的原意是大海不嫌弃任何水流，因此能成就它的博大；高山不拒绝任何土石，因此能成就它的高耸。所以在我们学习生活中要想做出一番成绩，就必须拥有大海一样的胸怀和高山一样的气度。

【赏析】

“海不辞水，故能成其大；山不辞土石，故能成其高。”是古代圣贤留给后人的最为深刻的教诲。它告诫人们，要想有大学问，成大器，就需要好学不倦，博采众长，兼收并蓄；要想富国强兵，治国平天下，就需要有长远的目光，博大的胸怀，以史为鉴，学习邻邦，发展壮大自己。故步自封、骄傲自满最终只会导致一事无成，后悔终生。大海之所以浩瀚无垠，波涛汹涌，永不枯竭，是因为它有容纳百川的胸怀。高山之所以巍峨挺拔，雄伟壮观，层峦叠嶂，是因为它有不拒土石的心胸。“泰山不拒细壤，故能成其高；江海不择细流，故能就其深”表达的也是这个意思。泰山之所以有这样的高度，正是因为不拒绝渺小的土壤，才能形成如今的成就。江河之所以有这样的深度，正是因为不拒绝细微的溪流，才能形成如今的规模。“山不辞石，山才如此巍峨”，我们应该有这种精神，无论做什么事情，都要有从点滴做起的精神。“海不辞水，海才如此浩瀚”，我们应该拥有这种胸襟，一个人只有不去计较得失，才有可能收获累累硕果。因此，我们一定要有一个长远的目标，并为这个目标谦虚谨慎、脚踏实地地准备。

“海不辞水，故能成其大；山不辞土石，故能成其高。”希望每一个人都能从一点一滴做起，只有这样才能拥有精彩的人生！

意莫高于爱民，行莫厚于乐民。

【语源】

出自《晏子春秋·内篇问下·乐民第二十二》：“意莫高于爱民，行莫厚于乐民。……意莫下于刻民，行莫贱于害身也。”

——（周）晏婴撰《晏子春秋》卷四，载张元济编《四部丛刊初编》，上海书店1989年影印本，第42页（《文渊阁四库全书》史部传记类《晏子春秋》卷四，第446册，第130页下栏）

“意莫高于爱民，行莫厚于乐民”的原意是指没有比爱民更高尚的思想，没有比让百姓快乐更深厚的行为。

【赏析】

众所周知，民本思想是中国政治思想文化中一个很古老的观念，并在历代明君贤臣、清官良吏的施政行为中得到具体体现。“意莫高于爱民，行莫厚于乐民”就是中国民本思想的一种体现，即任何意愿也没有比爱护百姓更高尚，任何行为也没有比使百姓快乐更厚道。春秋后期的政治家晏子就是其倡导者之一。他坚持“意莫高于爱民，行莫厚于乐民”，主张实行仁政。每当遇到天灾人祸，他总会向国君谏言赈灾，有时甚至将自家的粮食分给灾民，因此他深得百姓的爱戴，闻名古今。

和而不同；亲仁善邻；己所不欲，勿施于人。

【语源】

“和而不同”出自《论语·子路第十三》：“君子和而不同，小人同而不和。”

——《论语注疏》卷十三，（三国·魏）何晏注，（北宋）邢昺疏（《文渊阁四库全书》经部四书类《论语注疏》，第195册，第650页上栏）

“君子和而不同，小人同而不和”，这句话的意思是君子调和差异，却不苟同；小人苟同附和，而不讲调和。

“亲仁善邻”出自《左传·隐公六年》：“亲仁善邻，国之宝也，君其许郑。”

——《春秋左传正义》卷三，（周）左丘明传，（晋）杜预

注，（唐）孔颖达疏（《文渊阁四库全书》，第143册，第88页下栏）

这句话的意思是亲近仁德，交好邻国，这是国家最宝贵的财富，您还是答应郑国的请求吧！

“己所不欲，勿施于人”出自《论语·卫灵公第十五》：“其恕乎！己所不欲，勿施于人。”

——《论语注疏》卷十五，（三国·魏）何晏注，（北宋）邢昺疏（《文渊阁四库全书》经部四书类《论语注疏》，第195册，第673页下栏）

欲，想做的事；勿，不要；施，强加。即自己所不喜欢的事物，就不要强加给别人。

【赏析】

中华文化博大精深，蕴含着中华五千年的文明，凝聚着华夏祖先古老的经验和智慧，对我们有着深远的影响和启迪。“和而不同”的思想是中国文化内涵的一个重要方面。“和而不同”追求内在的和谐统一，而不是表象上的相同和一致。它真实反映了客观世界，准确地表述了世界的多样性与统一性，可作为我们为人处事的重要准则。“亲仁善邻”一直是我国处理对外关系的亘古不变的原则。只有亲近仁德，结交邦国，为国家的发展创造一个良好的外部条件，才能使国家变得更加强大和繁荣。中国与周边国家的睦邻友好关系正是植根于悠久的历史文化传统基础之上的。“己所不欲，勿施于人”这条经久不衰的原则早已成为中华民族为人行事准则。在我们的生活和工作中，不仅要关注自身，还得关注他人，人与人之间是平等的，一定不要“己所不欲施于人”。总之我们要尊重文化的多样性和统一性，为不同文化和文明的发展创造优越的环境，使不同的文化和平相处共同发展。

与人为善，取人为善。

【语源】

“与人为善，取人为善”出自《孟子·公孙丑章句上》：“子路，人告知以有过则喜。禹闻善言则拜。大舜有大焉，善与人同。舍己从人，乐取于人以为善。自耕稼、陶、渔以至为帝，无非取于人者。取诸人以为善，是与人为善者也。故君子莫大乎与人为善。”

——《孟子注疏》，（东汉）赵岐注，（北宋）孙奭疏（《文渊阁四库全书》经部四书类《论语注疏》卷三，第195册，第72页上栏）

这段话的意思是：“子路这人，如果别人指出他的过错，他就会很高兴。夏禹凡是听到有教益的话，他就下拜。那伟大的舜就更为突出，总是与别人共同做善事，总是能抛开自己的成见而接受别人的意见，乐于吸取别人的优点而行善。从他最初种庄稼、制陶器、捕鱼虾一直到最后当上君王，没有哪个时候他不向别人学习。吸收他人之长而行善，这就是与别人一道行善啊！所以对于君子来说，最重要的就是与别人一道行善。”

曾国藩继承孟子这一思想并进行了详细的解释：“思古圣人之道莫大乎与人为善。以言诲人，是以善教人也；以德薰人，是以善养人也；皆与人为善之事也。然徒与人则我之善有限，故又贵取诸人以为善。人有善，则取以益我；我有善，则与以益人。连环相生，故善端无穷；彼此挹注，故善源不竭。君相之道，莫大乎此；师儒之道，亦莫大乎此。”[①]在这一过程中，孟子强调的是虚心采纳各种意见，而曾国藩强调的是取人为善、与人为善两方面的相互促进、相互统一。

【赏析】

“与人为善，取人为善”，这种处理人际关系的准则从古至今一直影响深远。不仅“君子莫大乎与人为善”，我们每一个人都应该具有与人为善的优良品质。

与人为善，我们应当首先从身边的小事做起，广结善缘。莫以善小而不为，莫以恶小而为之。与人为善，要懂得为他人着想。要想建立良好的沟通，赢得他人的支持，最重要的一条就是要学会替他人着想，善待他人就是善待自己。取人为善，我们应该善于发现别人的优点，并加以吸收和学习，故“取诸人以为善，是与人为善者也”。古来圣贤好谦逊，他们从不会因自己学富五车、才高八斗而拒绝采纳别人的意见。“金无足赤，人无完人”，只有不断吸取别人的长处，改正自己的缺点，我们才会不断进步和发展。打开中国历史长卷，就会发现凡是明君贤臣都能做到“与人为善，取人为善”。魏征是唐朝著名的谏诤之臣，他在贞观年间先后上疏二百余条，强调“兼听则明，偏听则暗”。

① 曾国藩著，萧守英等整理：《曾国藩全集·日记二》，岳麓书社1988年版，第851—852页。

他多次犯颜直谏，唐太宗并没有因此而罢免他，每次都能接受魏征的建议和意见。这对唐太宗能开创出“贞观之治”的盛世起着重大作用。正因为如此，魏征去世后，唐太宗才会发出“夫以铜为镜，可以正衣冠；以古为镜，可以知兴替；以人为镜，可以明得失。朕常保此三镜，以防己过。今魏征殂逝，遂亡一镜”的哀叹。取人为善、与人为善是相互促进和统一的，我们不能舍二取一，而是应该二者兼备，真正做到与人为善，取人为善。

知屋漏者在宇下，知政失者在草野。

【语源】

这句话最早出自东汉王充的《论衡》。原文是：“知屋漏者在宇下，知政失者在草野。”

——（汉）王充《论衡·书解篇》（《文渊阁四库全书》子部杂家类《论衡》卷二十八），第862册，第332页下栏））

这句话的意思是：是否漏雨，在屋宇下的人最清楚；政策得失，老百姓的评说很重要，旁观者最清。早在2000年前，我们的古人就知道了体察民情、倾听民意对于治理国家的重要性。我国传统思想的核心儒家思想正是提倡重视民意，与民同乐。在《诗经·大雅·板》曰：“先民有言，询于刍荛。”意思是先人曾说过，可以向寻常百姓征求意见。可见古贤先哲很早就已经认识到向寻常百姓征求意见的重要性。唐太宗曾对自己的大臣说过：“舟所以比人君，水所以比黎庶。水能载舟，亦能覆舟。”清晰地表明了问政于民的重要作用，真正得到百姓支持，王朝之舟就永远不会倾覆。由此可见，若要使天下得以大治，只有广泛地纳谏，从各种角度听取意见和建议。而作为构成国家绝大部分的民众，则是宝贵意见的重要来源。只有亲身经历体验过，才可以真正了解其中之利弊得失，这样的意见才是最真的也是最为重要的。

【赏析】

“知屋漏者在宇下，知政失者在草野”，古人借用檐下之人的感受清楚地表现了所谓“小民”对社会进步的作用。人民乃是社会主体，是一个国家兴衰的根本。自古至今，好的执政者无一例外地均重视民意。唐太宗曾言“水能载舟，亦能覆舟”，正是说明了人民群众力量的重要性，再强大的王朝，当完全违背人民利益的时候，终将走向覆灭。往昔秦皇汉武皆一代雄主，但秦始皇完全不顾民力，在建立了中国历史上第一个大一统王朝之后，秦始皇开始有所改变。他不再是争雄天下的翘楚，已经取得的不世伟业让他骄傲得开始忘乎所以，进而为所欲为，对于“小民”的利益，他毫不顾忌，完全用自己的好恶以及严苛的刑法维持，百姓苦不堪言，难以为继，大臣噤若寒蝉，不敢进谏。如此统治，怎能长久维系？汉武帝堪称一代明君，他虽然好大喜功，多次征讨匈奴劳民伤财，但是相比始皇帝，武帝更清楚人民的力量。晚年，他幡然悔悟，一封拒绝轮台屯田的罪己诏书，缓解了汉室的统治危机。他终其一生，提拔人才不拘一格，也颇体察民情。先启用布衣桑弘羊改革财制，后拔擢金日磾于蛮夷奴隶之中，利用这些人对于行市和军队的了解，使他们各尽其能。他自己一手提拔的丞相公孙宏出自布衣，施政当然能一定程度上重视百姓疾苦；他的大将军卫青只是一个家奴，行军打仗当然会更体谅下情；他的第二个皇后是卫青的姐姐卫子夫，出身歌伎，知道艰辛谨慎，所以他的宫闱清肃，无挥霍之举。

每个时代，当政者和百姓之间的关系就是兴衰的见证，民众才是社会发展的强大动力和最坚定的力量。对于民众的信任和鼓励，就是对社会支持。只有体察民情，才可以真正了解人民的所需所求，引领人民共同建设自己的国家。

人一之，我十之；人十之，我百之。

【语源】

出自《礼记·中庸》。原文是："人一能之，己百之；人十能之，己千之。果能此道矣，虽愚必明，虽柔必强。"

——《礼记正义·中庸第三十一》，（东汉）郑玄注，（唐）孔颖达疏（《文渊阁四库全书》经部礼类，第151册，第221页上栏）

引文的本义是：别人用一分努力就能做到的，我用一百分的努力去做；别人用十分的努力做到的， 我用一千分的努力去做。说明只要努力去做，即使愚笨也可以变得聪明，柔弱也可以变得刚强。这表明成功是要靠自己的努力得来的，虽然先天存在差异，但也不是必然的。只要后天付出比别人多百倍的努力，依然可以获得成功。

此名言后世多有所拓展，如宋代邵雍曾在《弄笔吟》中写道："弄假像真终是假，将勤补拙总轮勤。"其中的勤能补拙的精神，正是引句语义的延伸。黄庭坚《跛奚移文》也有类似的话语："持勤补拙，与巧者俦。"均是意在说明，对于成功来说，天分固然重要，但是只要坚持发奋努力，也终将获得成功。

【赏析】

勤奋是一个古老的话题，自古以来也不乏通过百倍努力最终获得成功的实例。当年越王勾践正是卧薪尝胆，忍常人所不能忍，励精图治，终于击灭吴国；东汉政治家孙敬的"头悬梁"和战国时期政治家苏秦的"锥刺股"都是千古传诵的励志实例。东晋著名书法家王羲之被后人称为书圣，勤奋也是其成功的重要因素。王羲之小的时候，练字十分刻苦。据说他练字用坏的毛笔，堆在一起成了一座小山，人们叫它"笔山"。他家的旁边有一个小水池，他常在这水池里洗毛笔和砚台，后来小水池的水都变黑了，人们就把这个小水池叫"墨池"。宋人曾巩更是据此写成了《墨池记》一文以赞美先人，阐述成功绝非天成，要靠自己努力的道理。王羲之的第七子王献之，虽然自幼聪明好学，又有书圣指点，但王献之真正的突飞猛进也是勤奋的结果。王献之七八岁时开始师承父亲学书法，练字用尽了18大缸水。后来，王献之的字也达到了力透纸背、炉火纯青的程度。他和父亲王羲之一道被人们并称为"二王"，堪称书法界的两位圣人。其实所谓的天才并不存在，或许有含着金钥匙出生的千金之子，但那样的成功却不属于自己。正是一分耕耘一分收获，真正的成功要靠自己的努力去争取，去奋斗，以勤补拙。只有这样，所获得的才是真正意义的成功，“人生在勤，不索何获”，方是人生所追求的真谛所在。

行百里者半九十。

【语源】

语出（西汉）刘向编《战国策·秦策五》：“诗云：‘行百里者半于九十’，此言末路之难也。”

——（西汉）刘向编《战国策·秦策五》，（东汉）高诱著（《文渊阁四库全书》史部杂家类，第407册，第551页上栏）

“行百里者半九十”，是指行百里路，走了九十里，也只是走了一半。喻指干事情越接近完成时越艰难、越关键。所以我们想问题做事情，越到最后关头，越是紧要关头，越要咬紧牙关坚持到底，不要有丝毫的疏忽大意。类似的说法也曾出现在《尚书·旅獒》中：“为山九仞，功亏一篑。”其所言亦如此意。后世古书也多有引用此语者，如宋代学者陈亮《酌古论·邓禹》中就有：“‘行百里者，半于九十’，故夫古之智者，尝尽心于垂成之际也。”梁启超在《过渡时代论》中也曾提到：“行百里者半九十，掘井九仞，尤为弃井。”可见古人向来强调做事要持之以恒，坚持到底，否则就只能功败垂成，令人扼腕了。

【赏析】

作为一句警示性的古语，“行百里者半九十”的意义可谓明显，但是人性本是如此，越接近成功，就越容易麻痹轻忽，结果功亏一篑者比比皆是。绿林赤眉起义曾占领长安建立起以刘玄为首的汉室政权，借以取代穷途末路的王莽，但当王莽身死，一切理想中的目标都已实现之时，新生的统治阶级开始安逸下来，他们完全忘记了当初对百姓的承诺，他们在腐败、奢侈、莺歌燕舞的生活中完全迷失了，荒淫腐化、压榨百姓的程度尤甚于王莽，他们曾无限接近于一统天下，接近于手握整个汉室江山，但是他们在最后也是最关键的时刻失败了，短短数年内尽失民心，民不聊生的世界竟然出现了“人心思莽”的情况，最终为光武皇帝所灭，可叹他们本有大好前途，却毁于己手。顾诚《明末农民战争史》对李自成的败因进行了详细的分析和论证，他失败重要原因是在北京期间对全国局势的分析错误以及重大军事指挥错误，至于骄傲自满并不是其山海关战役失败，退出北京的主要原因。学生认为下面这个例子更恰当一些：明末战争初期，各农民军力量远逊于官军，所以在作战上非常注意侦探敌情，避免行动的盲目性和遭受官军的猝然袭击。但这个好传统随着农民军和官军的力量涨消取得绝对压倒优势后就逐渐消失，并滋长了骄傲情绪，突出表现为麻痹轻敌，不再兢兢业业，临事而惧，好谋而成了。以至于最后李自成和张献忠的突然死亡，并非兵力削弱到保护不了自己的领袖，相反还有几十万可观兵力在手，但由于麻痹大意，情况不明时应充好汉，卒致以身予敌，功败垂成。

由此可见，越是接近成功，越是要谨慎，一丝一毫的懈怠都会酿成大错，使之前的所有努力化为泡影。正所谓人生如棋，一着走错，满盘皆输。正因如此，时刻保持谨慎，尤其是在接近成功的时候，保持一个清醒的头脑是非常重要的。

形势稍好，尤须兢慎。

【语源】

出自（唐）吴兢《贞观政要》卷一《政体第二》："贞观五年，太宗谓侍臣曰：'治国与养病无异也。病人觉愈，弥须将护，若有触犯，必至殒命。治国亦然，天下稍安，尤须兢慎，若便骄逸，必至丧败。'"

——（唐）吴兢《贞观政要》卷一《政体第二》（《文渊阁四库全书》史部杂家类，第407册，第358页上栏）

这句话的意思是说：治理国家和修身养病的道理是相同的。病人快要好的时候，需要更加细心的照料，如果这个时候一旦再病发，那么必然会导致死亡。治理国家也是这样的道理，现在天下环境逐渐变好，但是值此关键时刻，尤其需要小心谨慎。倘若此时便骄奢淫逸，那么王朝必然招致丧败。

古语教人谦虚谨慎、戒骄戒躁，尤为常见。《诗经·大雅·云汉》中就有"兢兢业业，如霆如雷"的说法，也是形容做事要谨慎勤恳。唐人元结《二风诗·乱风篇·至虐》也道："大为君上兮，兢慎俭约，可以保身。"借以阐述治国之道，意思是做君上的，需要谨慎节俭，方可以保全自身。唐人杜荀鹤更曾做《泾溪》诗："泾溪石险人兢慎，终岁不闻倾覆人。却是平流无石处，时时闻说有沉沦。" 意思是虽然山间小溪山峻石险，由于当地人小心在意，一年到头都很少听说有被绊倒的。然而，越是在水流平缓之处，却经常听说有人被淹死。提醒人们在任何时候都要保持冷静清醒的头脑，尤其是在环境平顺时，则更应小心谨慎，切不可因自己的粗心大意而蒙受巨大的损失。

文中的“兢”和“慎”都是谨慎、小心的意思，“兢慎”即指十分谨慎。

【赏析】

面对危难之时，人们往往可以兢兢业业，保持警醒，从容地渡过难关。但在环境相对安稳之时，却容易麻痹大意，放松警惕，导致悲剧的发生。后汉建安二十四年（219），关羽率领军队北攻曹仁，进围曹军重镇樊城。曹操为解樊城之困，派遣久经战阵的大将于禁，以及西凉名将庞德等人率领七支军队增援曹仁。面对樊城之敌与增援而至的七支军马，摆在关羽面前的形势岌岌可危。然而在如此危急的局势之下，关羽毫无惧色，指挥若定，沉稳地分析攻守利弊；把握住天降大雨，江水暴涨的有利态势，利用滔滔江水“水淹七军”。经此一役，关羽可谓声震华夏，达到了他人生的制高点；就连一贯精于用兵的曹操也打算迁都他处，暂避其锋芒。然而度过险情后的关羽却盲目自大起来，自以为普天之下，人莫能敌，轻率地抽调了留守荆州防备东吴的兵力前往樊城助攻。令他始料未及的是，东吴吕蒙趁此良机，让部分士兵乔装为身着白衣的客商，其余兵士则隐藏于船舱之内，上演了一幕“白衣渡江”的好戏，袭破荆州。在失去后方的情势之下，关羽被迫撤军西去，欲退往成都，最终为东吴俘获，命丧黄泉。倘若一代名将关羽能够时刻怀揣

"兢慎"之心，必不至如此。千百年来，"败走麦城""大意失荆州"的故事广为流传，不知引得多少英雄扼腕叹息，反躬自省。因此，无论顺境或逆境，坦途或险滩，务必时刻谨慎行事；一时的疏失，会酿成难以估量的后果。我们需时时警醒，容不得丝毫懈怠。

居安思危，思则有备，有备无患。

【语源】

语出《左传·襄公十一年》。"《书》曰：'居安思危，思则有备，有备无患，敢以此规。'"

——《春秋左传正义·襄公十一年》，（周）左丘明传，（晋）杜预注，（唐）孔颖达疏（《文渊阁四库全书》经部春秋类，第135册，第234页上栏）

这句话的意思是："《尚书》写道：'生活安定之际要思考应该如何应对危难。'"思考危难，保有忧患意识，可以使自己早做准备，准备妥当之后便不用担心祸患突然降临了，（臣）斗胆以此来劝诫您。文中"居安思危"由《尚书正义·周书·周官第二十二》"居宠思危"而来。

这句名言被后人广为传诵，但凡名人志士，皆以此时刻提醒自己和他人。《新唐书》载，魏征就曾劝谏唐太宗道："思所以危则安矣，思所以乱则治矣，思所以亡则存矣。"以此阐述治国安邦之道。意即事情发生之后，思考危险产生的原因，就会安全。思考国家社会产生祸乱的原因，国家才会大治。思考国家败亡的原因，国家才能长久生存下去。所谓圣主能得天下，均在于深谙这些道理。目光长远，防患于未然，才是立足天下之根本。

【赏析】

东周春秋时期，晋楚两国争衡天下，几番交兵，胜负未定。晋悼公即位后，听取了大臣魏绛“和诸戎狄，以正诸华”的建议，即由以往对北部的戎、狄等少数民族大张挞伐的战争手段改为和睦相处，因势利导的和平政策，使得晋国可以积蓄国力，处理中原诸侯国之间的矛盾，倾尽全力与南方楚国进行争霸战争。在此后八年的时间内，晋国作为盟主先后举行了九次诸侯会盟，中原霸主地位得以再度确立，重振了晋文公当年的雄风，此即“九合诸侯”。在中原诸侯的支持与协助之下，晋悼公先后三次大规模对楚国用兵，最终使得长期游移于晋楚之间的郑国诚心归附，楚国势力南退，是为“三驾服楚”。通过“九合诸侯”“三驾服楚”，晋国在诸侯中的威望已达最高，朝拜者络绎不绝。晋悼公赏赐魏绛，认为他对于晋国霸业功不可没。魏绛则提醒悼公，不要被来之不易的胜利冲昏了头脑，在成功面前应该思考应该如何应对危难，思考可以使自己早做准备，准备妥当之后便不用担心祸患突然降临了。闻听此言，晋悼公深以为然。古语云：“惟事事乃其有备，有备无患。”（《尚书正义·商书》）即对每件事情都要早作准备，未雨绸缪，防患于未然。而唐代著名的谏臣魏征也曾劝诫唐太宗，要“思所以危则安矣，思所以乱则治矣，思所以亡则存矣”。

这是一种理智的人生态度，可以防止出现“乐极生悲”的状况和人为疏忽的困境。放眼历史长河，目光短浅者比比皆是，其中亦不乏一些智者。隋代炀帝本才智不凡，当其处心积虑于太子之位时，曾经一度表现得极富统治才华。然而得以继承帝位后，他仗着文帝所留下的深厚家底，毫不顾忌民力，不管人民死活。一切只为自己“千古一帝”的迷梦，最终将大好的基业败坏在手中。试想隋炀帝即位之时，四海升平，万民安乐，只是他远看不到自己骄奢挥霍所带来的可怕灾难，一意孤行，最终导致了国破身亡的结果。至于曹操，则思虑过重，斗智过深，不是不思危，而是思虑过多，一生都用在心思与算计之上，其实已与“居安思危”的概念相去甚远了。

对于个人来说，在享受优质生活并追求崇高品位时，能够考虑到预防未来的危险与困境，就可以避免不必要的牺牲和损失，这就是思想成熟的表现。然而对于一个民族，尤其是一个正在发展壮大中的民族而言，这种精神更为难能可贵。作为一个在历史上饱受苦难的民族，更要时刻保持忧患意识，时刻保持冷静的头脑和敏锐的思维。对已有成绩坦然处之，不骄不躁。

尺布斗粟。

【语源】

语出《史记·淮南衡山列传》。原文是：“民有作歌曰：一尺布，尚可缝；一斗粟，尚可舂。兄弟二人不相容。”

——（西汉）刘向编《战国策·秦策五》，（东汉）高诱注（《文渊阁四库全书》史部杂家类，第407册，第551页上栏）

此语本是说在民间哪怕只有一尺布，也可以缝好兄弟同穿，哪怕只有一斗谷子，也可以兄弟二人一起吃。而在帝王之家手足兄弟却不能相容。这一典故本是说汉文帝与淮南王之间的兄弟恩怨故事，汉文帝刘恒的弟弟淮南厉王刘长谋反失败，被押解去蜀郡严道县，在路上绝食而死。民间才有了这样哀叹手足不和的歌谣，后来演化而成的成语“尺布斗粟”就是这个意思。

古往今来，兄弟不和之事比比皆是，后世也多以此表达兄弟之间的关系，如元代刘埙在《隐居通议·骈俪一》中就有：“恭惟圣夫，笃叙天伦。尺布斗粟之谣，自诒伊阻。”

【赏析】

兄弟之情是世界上最为亲密的关系之一，而“尺布斗粟”之说，是万万不足取的。生在帝王之家，许多事情都变得非常无奈。当年曹植七步而道出的“煮豆燃豆萁，豆在釜中泣。本是同根生，相煎何太急”悲凉叹息，把帝王家骨肉相残的无情表露无遗。如舜那样身为帝王，却孝慈恭谦，以德报怨，在帝王家中，大约也因为出现在传说中，才这么美好。舜的父亲瞽叟及继母、异母弟象多次想害死他，曾在舜修补谷仓仓顶时从谷仓下纵火，舜手持两个斗笠跳下逃脱；舜在掘井时，瞽叟与象却下土填井，舜掘地道逃脱。即使如此，舜从不嫉恨，仍对父亲恭顺，对弟弟慈爱。后来舜登天子位后，去看望父亲，依然恭恭敬敬，对弟弟象则不但毫发无伤，而且还封象为诸侯。这里，自然引出一个问题，象既然这么无德与狠毒，何以舜非得在为帝后封他为诸侯，难道不担心象又以先前行径或面目出现，令他不得不去收拾残局。从这点来看，舜封象的举措，确实为圣王容人之宏量，其胆识与魄力，后世帝王难以逾越。当然，有如此兄长，倘若还不彻底悔悟，只能是自取灭亡。最后，如舜所期望的一样，在舜的感化下的象，终于幡然醒悟，规规矩矩做一方诸侯了。抛开其余不论，舜的做法很明白地讲了一个道理，所谓“兄弟阋于墙，外御其侮”，再多再大的矛盾，都是内部的问题。一旦对外，则会求同存异，共同克服困难。

嘤其鸣矣，求其友声。

【语源】

语出《诗经·小雅·伐木》。原文是：“伐木丁丁，鸟鸣嘤嘤。出自幽谷，迁于乔木。嘤其鸣矣，求其友声。相彼鸟矣，犹求友声。矧伊人矣，不求友生？神之听之，终和且平。伐木许许，酾酒有藇！既有肥羜，以速诸父。宁适不来，微我弗顾。于粲洒扫，陈馈八簋。”

——《毛诗正义·小雅·伐木》，（西汉）毛亨传，（东汉）郑玄笺，（唐）孔颖达疏（《文渊阁四库全书》经部诗类《毛诗注疏》卷十六，第69册，第450页下栏）

嘤，鸟叫之声。原诗前三句的意思是，咚咚作响伐木声，嘤嘤群鸟相和鸣。鸟儿出自深谷里，飞往高高大树顶。鸟儿为什么叫呢？那是在寻求自己的伙伴啊。后世多用“嘤其鸣矣，求其友声”比喻寻求志同道合的朋友。如《三国志·魏志·陈思王植传》：“昔伊尹之为媵臣，至贱也，吕尚之处屠钓，至陋也，乃其见举于汤武、周文，诚道合志同，玄漠神通，岂复假近习之荐，因左右之介哉。”是说只要志向相同，情谊相通，虽然出身微贱亦可共襄伟业。宋代陈亮在《与吕伯恭正字书·之二》中说道：“天下事常出于人意料之外，志同道合，便能引其类。”也是此意的演进。

【赏析】

所谓“嘤其鸣矣、求其友声”，古人苦求知音之意彰显无遗。所谓“世有伯乐，然后有千里马”，其实也如此意。二者，讲的都是对知音的渴求。如诸葛亮与刘备二人之间的遇合，就弹奏出知音之间的千古佳话，惹来了千古的欣羡。常常自比管仲乐毅、吟唱《梁父吟》、声名闻于诸侯、引来刘备三顾茅庐的诸葛亮，与刘备一见面，即以《隆中对》折服了刘备。从此相随左右，大计多出自己手，成就了自己名相贤臣的愿望。对同为书生出生的诸葛亮的惊人际遇与成就，是封建士大夫最向往不过的。他们希冀与诸葛亮一样吟梁父，名扬四海，为君王所用。确然，人生贵在相知，鸟儿尚且啾啾鸣叫着寻求同伴，何况人乎！不过，追求知己的道路却是很难的，“知我者为我心忧，不知我者谓我何求”，而且也许还会终生不遇，如冯唐一样徒叹老去，似李广一样一生不得封侯。自古以来，有几人能懂“知音少，弦断有谁听”蕴含的那种悲凉。当然，也正因为知音难寻，知音易逝，知音也就无比珍贵。因此“人生得一知己”，就大可告慰平生了。

事者，生于虑，成于务，失于傲。

【语源】

语出《管子·乘马》。“市者，货之准也。是故百货贱，则百利不得；百利不得，则百事治；百事治，则百用节矣。是故，事者生于虑，成于务，失于傲。不虑则不生，不务则不成，不傲则不失，故曰：市者可以知治乱，可以知多寡，而不能为多寡，为之有道。”

——《管子·乘马第五》（《文渊阁四库全书》子部法家类，第729册，第23页下栏）

意思是：交易，是货物买卖应共同遵守的一个标准。因此，百货卖不上价钱，什么利益都得不到；什么利益都得不到，就需要对事情进行治理了；什么事情都治理好了，所有的花费就有一个节制了。所以，事情成败与否，取决于事前的周密计划，往往成功于务实，而失败于孤傲。如果不加仔细思考，就不会有事情的成功；如果不踏实地从事工作，就不会取得成就。所以说：交易可以推知国家的治乱兴衰，可以知道物产的多少。在遵循市场的情况下，不人为地制造物产的多少，这就叫有道。

经过历史的洗涤，这句话被作为行事准则广为传诵，韩愈在《进学解》中提出“业精于勤荒于嬉，行成于思毁于随”，正是源于此处。不光学习，宋代吕祖谦曾言“天下之事，胜于惧而败于忽，惧者福之源，忽者祸之门”，可见无论做任何事，均应深思熟虑，三思而后行。

【赏析】

“事者，生与虑，成于务，失于傲”，正是为人处事的态度与原则。谨慎谦虚，做事有理有据，按部就班，事前深思熟虑，中途勤勉专注，不掉以轻心，骄傲妄为。古往今来，成败皆决于此。正如哀兵必胜，项羽破釜沉舟，只持三日之粮，以一往无前的气势接连九战秦军，最终以少胜多，击败章邯数万大军。秦朝覆灭，刘邦与项羽对垒，虽然刘邦手下能人无数，但却屡次败于西楚霸王之手。但是刘邦却毫不气馁，他忍辱负重，多次向项羽求和，暗地里殚精竭虑收拢人才，发展实力，利用一切手段壮大自己，终于在羽翼丰满之后，围杀项羽于垓下，开启四百多年的汉室江山，或许只有这样才可称得上是“事成与务”的真实写照。后唐国主李存勖堪称乱世英雄，他谨遵其父李克用三箭遗训，先败朱全忠五十万大军，再破燕地，活捉刘仁恭，最后又大败来犯之契丹兵，将其赶回北方。本来大业可成，但是李存勖开始沉迷于声色，宠信伶人到了极度荒谬的地步，最终只令国运日衰，祸端四起，在宫廷政变中被乱箭射杀。一个本来可以成就不世伟业之人，却沦落到死于乱箭之中。或许，这就是所谓骄傲者的下场。

仓廪实而知礼节，衣食足而知荣辱。

【语源】

出自《管子·牧民》。原文是：“仓廪实而知礼节，衣食足而知荣辱。”

——《管子·牧民》（《文渊阁四库全书》子部法家类，第729册，第12页上栏）

仓：谷仓。廪：米仓。另一种解释是：方的叫仓，圆的叫廪。实：充实；礼节：人和人交往的礼仪规矩；衣食足：丰衣足食；知荣辱：知晓荣誉和耻辱。全句翻译是（百姓的）粮仓充足才能知道礼仪，丰衣足食才会知晓荣誉和耻辱。

【赏析】

“仓廪实而知礼节，衣食足而知荣辱”出自春秋时期辅佐齐桓公成为第一霸主的管仲之口，在《管子·牧民》的原文里是“仓廪实则知礼节，衣食足则知荣辱”。西汉史学家司马迁在《史记·管晏列传》的引文中改动了一个字：“则”改成了“而”，就成了后世津津乐道的“仓廪实而知礼节，衣食足而知荣辱”。现一般认为，“仓廪实而知礼节，衣食足而知荣辱”出自《史记·管晏列传》：“仓廪实而知礼节，衣食足而知荣辱，上服度则六亲固。四维不张，国乃灭亡。下令如流水之原，令顺民心。”释义为：粮仓充实就知道礼节；衣食饱暖就懂得荣辱；君王的享用有一定制度，六亲就紧紧依附；礼、义、廉、耻的伦理不大加宣扬，国家就会灭亡。颁布政令就好像流水的源头，要能顺乎民心。

德不孤，必有邻。

【语源】

出自《论语·里仁》。“子曰：‘德不孤，必有邻。’”

——《论语注疏·里仁》，（三国·魏）何晏集解，（北宋）邢昺疏（《文渊阁四库全书》经部四书类《论语注疏》，第195册，第566页上栏）

这句话的“德”，指的是有道德的人，“不孤”，就是不会感到孤单；就是说，有道德的人是不会感到孤单的。为什么呢？孔子说，这是因为“必有邻”。从字面上来理解，“邻”就是“邻居”。我们知道，在生活中邻里关系是人们接触最多、也是最为重要的人际关系之一，俗话说“远亲不如近邻”，亲近和谐的邻里关系，是幸福生活的一个重要条件；从这个角度来说，“邻”就可以引申成为邻居之间互相亲近的关系，所以“德不孤，必有邻”的意思就是说，有道德的人是不会孤单的，一定会有志同道合的人来和他相伴。

【赏析】

“德不孤，必有邻”，孔子在这里讲的，不仅仅是一种人生经验，更是一种社会与生活的规律。

所谓“德不孤，必有邻”，是在劝诫我们努力做一个有道德的人。道德是一个很深奥的概念，无声无形，易说难做，往往有人目光短浅，只为眼前利益而批判道德无用，这无疑是荒谬而无知的。确实，为道德而活着，有时候会很寂寞、冷清。但没有这个寂寞的旅程，没有把这个旅程当成享受的毅力与决心，就难讲真学问、真道德了。而道德就其本意来讲，是衡量行为正当与否的观念标准。心中失去了这杆秤，还何谈是与非？在古人看来，只要真是道德君子，即使现下孤寂，没有同路之人，但注定会有同样性情和抱负的人相与友善，所谓“同声相应，同气相求”就是如此。在古人看来，天地之间的万事万物，都有一种朝着与自己相近的事物移动的倾向，相同或者相近的事物总会走到一起的，所以我们现在也说“物以类聚，人以群分”。这里的类和群是没有时间和空间局限的。志同道合的人们之间，或许时空距离很近，或许很远，但是不管是近是远，最终他们都会产生共鸣，这就是“德不孤，必有邻”。

虽然“德不孤”强调的重点是通过个人的努力提高自己的道德修养，在现实生活中，由于种种原因，我们在做这些事情的时候，也许相当长一段时间内都不得不完全依靠自己的努力，但只要自己不懈地追求，身边的人可以从不理解到理解、从不支持到支持，而远方的志同道合的人们，在通过各种渠道了解了我们的所作所为之后，也一定会给我们送来遥远的帮助和祝福。这就是“德不孤，必有邻”的真谛。而自己有了深厚的道德，能体用兼备，自然会由己及人，乃至于天下，《大学》里的修身、齐家、治国、平天下正是这个道理。追求道德的道路是艰苦而漫长的，但如果真为道德而活，是绝对不会孤苦伶仃的，终会有人与你同行。

三十而立。

【语源】

出自《论语·为政》。“吾十有五而志于学，三十而立，四十而不惑，五十而知天命，六十而耳顺，七十而从心所欲，不逾矩。”

——《论语注疏·为政第二》，（三国·魏）何晏集解，（北宋）邢昺疏（《文渊阁四库全书》经部四书类《论语注疏》，第195册，第542页上栏）

这句话的意思是，我十五岁就有志于学问，三十岁时确立人生目标；四十岁时不致迷惑；五十岁时得知天命；六十岁时所闻皆通；七十岁时能随心所欲，不越法度。

【赏析】

“三十而立”本是孔子在三十岁时对自己所达到人生状态的一句评价，人到三十岁之时才算是真正经历过成长时期，开始摆脱幼稚走上成熟。对于一个人来说，三十岁是一个分水岭，是完成蜕变升华的人生第一座巅峰，跨过这座山峰，便昭示了成熟。我们从这个时候，真正开始了属于自己的事业和生活，上助老人，下抚子女，开始承担起生活的责任和负担，后人时常将这句话作为自己三十岁时所要达到的目标，三十岁的人生旅程，我们已经为成长交了并不算少的“学费”。无论曾经是成绩斐然，抑或失败堕落，都应该在这时试着找到自己的方向，确定未来的发展目标。无论前面是艰难困苦，还是荆棘险滩，都要勇往直前、奋力拼搏，凭借自己顽强的毅力，朝自己的目标大步迈进。

当然，单就“三十”这一数字而言，其短长贵贱亦不可一概而论。对于漫漫历史长河，三十年不过是沧海一粟，转瞬即逝；一对恩爱夫妻，三十年风风雨雨相依相守，却凝结着珍珠般珍贵的情感。

朽木不可雕也。

【语源】

“子曰：朽木不可雕也，粪土之墙不可杇也。”

——《论语·公冶长》（《文渊阁四库全书》经部四书类《论语注疏》，第195册，第570页上栏）

意思是腐朽的木头不堪雕刻，烂草加泥巴垒成的墙无法粉刷。

【赏析】

人们便用“朽木不可雕”来形容一个人始终无法改造或品质败坏到极点，无药可救。另外又指事物和局面败势已定，无可挽回。亦作“朽木难雕”“朽木不雕”。这个成语也称“朽木粪土”。腐朽的木头无法雕刻，烂草加泥巴垒的墙壁无法粉刷。孔子的弟子宰予，言辞美好，说起话来娓娓动听。起初，孔子很喜欢这个弟子，以为他一定很有出息。可是不久，宰予暴露出懒惰的毛病。一天，孔子给弟子讲课，发现宰予没有来听课，就派弟子去找。一会儿，去找的弟子回来报告说，宰予在房里睡大觉。孔子听了伤感地说：“腐烂的木头不能雕刻，烂草加泥巴一样的墙壁不能粉刷。最初我听到别人的话，就相信他的行为一定与他说的一样；现在我听别人的话后，要考察一下他的行为。就从宰予起，我改变了态度。”

兼爱尚同。

【语源】

“兼爱”与“尚同”实为两个词语。

“兼爱”出自《墨子·兼爱中》：“视人之国，若视其国；视人之家，若视其家；视人之身，若视其身。是故诸侯相爱，则不野战；家主相爱，则不相篡；人与人相爱，则不相贼；君臣相爱，则惠忠；父子相爱，则慈孝；兄弟相爱，则和调。天下之人皆相爱，强不执弱，众不劫寡，富不侮贫，贵不傲贱，诈不欺愚，凡天下祸篡怨恨，可使毋起者，以相爱生也，是以仁者誉之。”

——（周）墨翟撰《墨子·兼爱中》卷四（《文渊阁四库全书》子部杂家类，第848册，第48页上栏）

“尚同”出自《墨子·尚同中》：“夫既尚同于天子，而未尚同乎天者，则天灾将犹未止也。故当若夫寒热不节，雪霜雨露不时，五谷不熟，六畜不遂，疾灾戾疫，飘风苦雨，荐臻而至者，此天之降罚也，将以罚下之人之不尚同于天者也。”

——（周）墨翟撰《墨子·尚同中》卷三（《文渊阁四库全书》子部杂家类，第848册，第42页下栏）

“兼爱”意指兼相爱，交相利。全句的意思是：“把别人的国家看作是自己的国家，把别人的家看作是自己的家，把别人的身体看作是自己的身体。如此则各诸侯间会互相友爱，就不会发动野战；家人与主人之间相爱，就不会互相争夺；人和人之间相爱，就不会互相损害；君臣之间相爱，必定上惠下忠；父子之间相爱，就会上慈下孝；兄弟之间相爱，必定和睦相处。天下的人都相爱，强不凌弱，人多的群体不劫夺人少群体的财物，富人不欺侮穷人，地位高的人不轻视地位低的人，狡诈不欺负愚蠢，所有天下的祸害篡乱怨恨，都可以让它不发生，这是由于相爱的缘故，所以仁者称赞它。”

“尚同”意指求同。整句的意思是：“已经求同于天子，但还未求同于天。那么天灾还不能完全停止。例如气候的寒热不调。雪霜雨露降的不是时候，五谷不熟，六畜不蕃，疾病流行，暴风久雨等等，接踵而至，这就是上天降下的惩罚，用以惩戒那些不愿上同于天的世人。”

【赏析】

在春秋战国纷乱的年代，统治者各有其为王之道，所以各家各派可以自由驰骋。他们思想解放，少有顾忌，敢于“说大人，则藐之”（《孟子·尽心》），敢于公开表示“彼以其富，我以吾仁；彼以其爵，我以吾义。吾何慊乎哉”（《孟子·公孙丑》），马不停蹄地奔走各国游说君王，为自己的理想奋斗，上演着一幕幕悲喜剧。因此，这里既有不合时宜的如老、庄，不希冀自己的声音上达天听，却也讲述着自己对人生宇宙的认识；有那些执着希冀以仁义礼智信结束纷乱的世事，回归梦想的三代黄金时期，以天下为己任的儒家；也有尽力阻止战争的墨家，他们回归三代黄金时期的愿望一点不比儒家弱。不过，墨家没有儒家幸运，墨家的非攻主张注定了他们日后的没落。因为到战国以后，完成统一已是历史的必然了。即使天下大同以后也是融合法释道的儒家的天下，墨家的诸多思想不符合统治者的要求，统治者并没有选中它为统治工具，虽然统治者可以利用墨家的某些方面，但仅仅利用，反倒有淹没墨家本身真义的一面。

那个时代，墨家的精神很可嘉，哪里有战争，哪里就有他们的身影。但是，利欲熏心的战国是没有多少人能听得进墨家的和平建议的，墨家所提倡的非攻，并没有阻止战国纷乱的交战。他们所提倡的以兼爱与尚同阻止战争的思想观念也没有达到预期目的。他们理想地认为只要追求一致，一同天下之义，大家友爱了，就不会有战争，和平就会到来，只是空为一腔热血而已。墨家的出发点是无可厚非的。但与他们本身没落的命运相反，他们的尚同后来却被封建统治者利用，以维护封建一统。但我们要肯定的是，要还墨家尚同的历史面目。墨家的尚同是想达到一种理想境界，如三代时期的黄金时期，天下大同，上下相安，生民各得其所。兼爱与尚同无疑为中华民族增添了一道亮丽的风景。大家互相友爱，天下就会达到大同，团结一致共建家园。对有着共同志趣的友朋，同声相应，同气相求，也无可厚非地当然可以提倡尚同。

和为贵。

【语源】

这句话最早出自《论语·学而》：“礼之用，和为贵。先王之道，斯为美。小大由之，有所不行。知和而和，不以礼节之，亦不可行也。”

——《论语注疏·学而第一》，（三国·魏）何晏集解，（北宋）邢昺疏（《文渊阁四库全书》经部四书类《论语注疏》，第195册，第534页上栏）

这句话的意思是说，礼的应用，应当以和睦协调为可贵。古代君主治理国家的方法，值得赞美的就在这里。无论大小事都应遵循此原则，从而有所不行。知道为和而和，但不用礼来节制，这也是不可行的。

【赏析】

孟子在《公孙丑下》中说：“天时不如地利，地利不如人和。”三者之中，“人和”是最重要，起决定作用的因素，“地利”次之，“天时”又次之。“和”一直是人们所追求的一种理想生存境界。和气致祥，人和人之间只要有和存在，无论认识与否，无论民族归属，彼此都能感悟到。王夫之在《周易外传·说卦》中所说：“天地以和顺为命，万物以和顺为性。”这些都是“和为贵”的延续和发展，可见古人很早就开始重视“和”的作用。

那么，什么才是“和”呢？“和”，大致而言，就笔者看来，可以分为两种。一是谈个人心性修养与日常行事的。就此而言，《中庸》所言“喜怒哀乐之未发谓之中，发而皆中节谓之和”已经阐释清楚了。《中庸》认为喜怒哀乐不发，叫做中；但喜怒哀乐不发是不可能的，于是提倡恰到好处地发，不过分。这就是“和”。杨树达对此有一注释，他认为，不独喜怒哀乐发作这一事，但凡为人为事恰到好处都可谓之和。在杨树达看来，古人对“和”其实也与“和”的精神一样，是宽容博大的。七情六欲，孰能无之？因此，只要处适当之间，均可圈定在“和”之内。这个“和”的精神，令我们中华民族海纳百川，包容万象，生生不息。一是谈政治的。上述“天时地利人和”之“人和”就是“人和”为政治服务的范例。怎样才算是政治上达到了“和”？即“以和为贵”。不过，虽然凡事都要讲和谐，但不能为了和而和，不受礼文的约束，强制要求所谓的和也是行不通的，那只是霸道。把人家欺负了，或者占据了人家的国土，然后说，不要反抗了，我们给你们和平，做我们的顺民吧，这并不是真正意义上的“和”，而是霸权和强权。不顾别国国情，干涉他国内政，推行所谓的民主，也与此同理，违背了“和”的精神。

己所不欲，勿施于人。

【语源】

出自《论语·颜渊第十二》。“仲弓问仁。子曰：‘出门如见大宾，使民如承大祭。己所不欲，勿施于人。在邦无怨，在家无怨。’仲弓曰：‘雍虽不敏，请事斯语矣！’”

——《论语注疏·颜渊第十二》，（三国·魏）何晏集解，

（北宋）邢昺疏（《文渊阁四库全书》经部四书类《论语注疏》卷十二，第195册，第636页下栏）

“己所不欲，勿施于人”的意思是：自己不想要的东西，切勿强加给别人。

【赏析】

《论语·颜渊篇》主要讲述孔子的“恕”和“仁”，即人应该宽恕待人，应提倡“恕”，即宽恕，只有如此才是仁的表现。不过“恕”仅仅是“仁”的一种表现，更为积极的表现则是“己欲立而立人，己欲达而达人”。孔子所阐释的仁以“爱人”为中心，而“己所不欲，勿施与人”正是这种情感的具体表达。子贡也曾问自己的老师孔子可以终生奉行的道理，孔子给子贡的也是这句话。《论语·卫灵公第十五》：“子贡问曰：‘有一言而可以终生行之者乎？’子曰：‘其恕乎。己所不欲，勿施于人。’”清代夏敬渠在《野叟曝言》第一百四十回亦言：“在卑人则毫无忿怼，在郡主则视若寇仇，恐亦非‘己所不欲，勿施于人’之恕道也。”

“己所不欲，勿施于人”反映的是人际关系中一条经久不衰的定律，是指人应当以对待自己为参照物来对待他人，对待他人时应该心胸开阔，和谐理智。倘若将自己都不喜欢的东西硬推给旁人，不但不利于问题的解决，反而会招来更大的困扰。这时理应从自己入手，改变观念，和他人友好相处，平等对待，共同协商以解决问题。理解和尊重，在人与人交往中是至关重要的。要知道人与人之间本是平等的，没有理由也不可以将己所不欲为之事强加于他人。

骨肉相附，人情所愿。

【语源】

这句话出自《汉书·元帝纪第九》。原文是："安土重迁，黎民之性；骨肉相附，人情所愿也。"

——（汉）班固撰《汉书·元帝纪第九》，（唐）颜师古注（《文渊阁四库全书》史部正史类，第249册，第156页上栏）

这句话的意思是说留恋故土，不肯轻易迁移，是黎民百姓的本性之所在，遇到危难之时亲朋好友相互依靠投奔，也是一个人的本性所致。古人常以此比喻至亲之间的感情真挚浓郁，难以割舍。

【赏析】

中国自古以来就是一个重视亲情怀恋故土的国度，从古至今表达的思乡恋旧名句更是层出不穷，譬如早在汉乐府诗中就有"胡马依北风，越鸟巢南枝"，借以表达万物都有思恋故土之情。李白在《静夜思》中写出了脍炙人口的"举头望明月，低头思故乡"，体现出思恋家乡的浓浓深情。同样在另一首《春夜洛城闻笛》中道出"此夜曲中闻折柳，何人不起故园情"思乡的深情厚谊。另外思念亲人如孟郊"谁言寸草心，报得三春晖"，体现母子之间的深情。母亲对儿子远离的一种担心和思恋，溢于言表。

“骨肉相附，人情所愿”，常言道，绿叶伸展得再高再远，却始终要扎根深厚的土壤，所谓落叶归根就是如此。对于一个人来说，无论离乡多远多久，那种漂泊异乡思恋故土的浓浓深情，全都化作一缕缕的思念，循环盘绕，永不淡去。“浮云游子意，落日故人情”，那在心中缠绕纠结的深重情结，对于每一个外出的人来说都是一块心中的重压，“岂无父母在高堂，亦有亲情满故乡”。每个人都有自己的故土亲朋好友，兄弟姐妹，这是人之常情，也是人之常性。都说“悲莫悲兮生别离”，人生最令人悲痛的事情就是离别，人性本是如此，没有人愿意远离故土，远离亲人，中华民族有一个传统说法叫故土难离，“梧桐叶上三更雨，叶叶声声是别离”，这种感情的深切体验，本身就是一种依恋，一种寄托。

天时不如地利，地利不如人和。

【语源】

这句话出自《孟子·公孙丑下》。原文为：“天时不如地利，地利不如人和。三里之城，七里之郭，环而攻之而不胜。夫环而攻之，必有得天时者矣；然而不胜者，是天时不如地利也。城非不高也，池非不深也，兵革非不坚利也，米粟非不多也，委而去之，是地利不如人和也。”

——《孟子注疏·公孙丑下》，（东汉）赵岐注，（唐）孔颖达疏（《文渊阁四库全书》经部四书类，第195册，第93页下栏）

这句话的本义是说天时不如地利，地利不如人和。比如一个小城，内城方圆仅三里，外郭方圆仅七里，可是敌人四面围攻它却不能取胜。在围攻的过程中，一定有合乎天时的战机，然而不能取胜，这是因为把握天时不如占有地利。又如另外一种情况，城墙并非不高，护城河也并非不深，兵器和甲胄也不是不尖锐不坚固，城中的粮草也并非不充足，但一旦敌人兵临城下便弃城逃跑，这是因为占有地利不如人心所向、内部团结重要。

【赏析】

天、地、人三者之间孰轻孰重，自古以来就有争论。孟子的看法是，凡战之时，人和重于地利，地利重于天时，从而明确表达了人和乃是天、地、人三者中最为重要的一环。这是一种人本思想，强调人的重要性，堪称儒家思想的基本内核。而后的荀子作《王霸篇》言："农夫朴力而寡能，则上不失天时，下不失地利，中得人和而百事不废。"是说农民耕种之时，倘能吃苦出力，不错过农时，不浪费肥沃的土壤。专心致志、齐心努力的话，那么耕种之事就永远不会荒废。这是从农耕的角度对天、地、人之间关系的阐述。不难看出，荀子所重视的，仍是人的作用。后世三国时期孙权更做过明确的表述："能用众力，则无敌于天下矣；能用众智，则无畏于圣人矣。"其中明确指出人力之强大，人和之重要。

从"人和"的概念可以总结为"团结"二字，当今世界人和的最高境界就是彼此可以和睦相处，为了一个更好、更伟大的目标去共同付出努力。

关关雎鸠，在河之洲。

【语源】

出自《诗经·关雎》。原文是：“关关雎鸠，在河之洲。窈窕淑女，君子好逑。”

——《诗经·国风·周南·关雎》（《文渊阁四库全书》经部诗类《毛诗注疏》卷一，第69册，第127页上栏）

关关：象声词，雌雄二鸟相互应和的叫声。雎鸠：一种水鸟名，即王鴡。洲：水中的陆地。窈窕淑女：贤良美好的女子。窈窕：身材体态美好的样子。窈：深邃，喻女子心灵美；窕：优美，喻女子仪表美。淑：贤淑。好逑：好的配偶。逑，“仇”的假借字，匹配。译文：关关和鸣的雎鸠，相伴在河中的小洲。那美丽贤淑的女子，是君子的好配偶。

【赏析】

《国风·周南·关雎》这首短小的诗篇，在中国文学史上占据着特殊的位置。它是《诗经》的第一篇，而《诗经》是中国文学的源头之一。《论语》中多次提到《诗》（即《诗经》），但对其做出具体评价的作品，却只有《关雎》一篇，谓之“乐而不淫，哀而不伤”。在孔子看来，《关雎》是表现“中庸”之德的典范。而汉儒的《毛诗序》又说：“《风》之始也，所以风天下而正夫妇也。故用之乡人焉，用之邦国焉。”这里牵涉中国古代的一种伦理思想：在古人看来，夫妇为人伦之始，天下一切道德的完善，都必须以夫妇之德为基础。《毛诗序》的作者认为，《关雎》在这方面具有典范意义，所以才被列为“《风》之始”。它可以用来感化天下，既适用于“乡人”即普通百姓，也适用于“邦国”，即统治阶层。《关雎》的内容其实很单纯，是写一个“君子”对“淑女”的追求，写他得不到“淑女”时心里苦恼，翻来覆去睡不着觉；得到了“淑女”就很开心，叫人奏起音乐来庆贺，并以此让“淑女”快乐。作品中人物的身份十分清楚：“君子”在《诗经》的时代是对贵族的泛称，而且这位“君子”家备琴瑟钟鼓之乐，那是要有相当的地位的。以前常把这首诗解释为“民间情歌”，恐怕不对，它所描绘的应该是贵族阶层的生活。另外，说它是情爱诗当然不错，但恐怕也不是一般的爱情诗。这原来是一首婚礼上的歌曲，是男方家庭赞美新娘、祝颂婚姻美好的。《诗经·国风》中的很多歌谣，都是既具有一般的抒情意味、娱乐功能，又兼有礼仪上的实用性，只是有些诗原来派什么用处后人不清楚了，就仅当作普通的歌曲来看待。把《关雎》当作婚礼上的歌来看，从“窈窕淑女，君子好逑”，唱到“琴瑟友之”“钟鼓乐之”，也是喜气洋洋的，很合适的，当然这首诗本身，还是以男子追求女子的情歌的形态出现的。之所以如此，大抵与在一般婚姻关系中男方是主动的一方有关。就是在现代，一个姑娘看上个小伙子，也总要等他先开口，古人更是如此。娶个新娘回来，夸她是个美丽又贤淑的好姑娘，是君子的好配偶，说自己曾经想她想得害了相思病，必定很讨新娘的欢喜。然后在一片琴瑟钟鼓之乐中，彼此的感情相互靠近，美满的婚姻就从这里开了头。即使单从诗的情绪结构来说，从见关雎而思淑女，到结成琴瑟之好，中间一番周折也是必要的：得来不易的东西，才特别可贵，特别让人高兴。

穷则变，变则通，通则久。

【语源】

这句话出自《周易·系辞下第八》。原文是：“《易》穷则变，变则通，通则久。是以自天祐之，吉无不利。”

——《周易正义·系辞下》，（三国·魏）王弼、（晋）韩康伯注，（唐）孔颖达正义（《文渊阁四库全书》经部易类《周易注疏》，第7册，第553页上栏）

这句话的意思是指天下的事情到了穷极的时候就会变化，变化才能使事情通达，才能保持长久，如此就会得到天地规律的佑助，这是吉顺的现象，是无往不利的。

古往今来，穷极则变之事历来有之，在《资治通鉴·唐德宗贞元十年》中就写道：“凡人之情，穷则思变。”正是要表达这样的感情和意愿。

【赏析】

“穷则变，变则通，通则久”，其实语义蕴含着“变通”二字。归纳“通变”之意，是说顺应时代和历史的发展，面对死局不固守顽抗，努力追寻适合之路远胜于坐以待毙，简言之，可说是一种高层次的发展。“变通”二字，说来容易，可是在历史发展的长河里，由于受到历史因素的禁锢和限制，真正可以临危变通者微乎其微，这也正是一个个所谓盛世王朝最终无可挽回地走向衰败的原因吧。因为因循祖宗旧制，王朝曾经达到过鼎盛时代，所有没有人会怀疑先辈遗留下来的祖训。古往今来，从商鞅到王安石再到张居正，可以善始善终者实在是少之又少，每一个朝代都有祖宗家法，或许面对眼前的危机，一两个开明的君主会狠下心来实行变法，但其目的之根本还是维护封建王朝的统治，所以一旦危机不够严重或者守旧势力占据上风之时，变革往往只能以失败为结局。正是这样守旧因循的制度以及落后不浅的思想意识，最终被历史的滚滚巨轮所湮没。

当然，王朝的更替不是简单的重复，而是螺旋式上升的，而新的朝代作为旧有朝代的更替，在政治、经济等各方面，基本都会发生变革，虽然这种方式不是持续上升的，但是它却保证了泱泱中华五千年的文明从不间断，带给了中华民族一种深沉厚重的历史和文化底蕴，这是世界上其他一切国家所无法比拟的，我们今天要做的就是取其精华，去其糟粕，努力弘扬中华民族的伟大精神。

万物并育而不相害，道并行而不相悖。

【语源】

语出《礼记·中庸》："万物并育而不相害，道并行而不相悖。"

——《礼记正义·中庸》，（东汉）郑玄注，（唐）孔颖达疏（《文渊阁四库全书》经部礼类《礼记注疏》，第116册，第375页下栏）

这句话的意思是：自然界所孕育的万事万物，同生同长但不相妨害；天道（客观规律）并行于世且不相抵触。

【赏析】

“万物并育而不相害，道并行而不相悖”是中国古代思想家受到自然界万物并存不害启迪，而阐发的一种理想境界。大千世界，芸芸众生，都有各自独特的发展轨迹。而人与人之间的交互往来，也应该仿效自然，以达到人与自然之间、人与人之间、社会之间和谐共进，自然界中万事万物和谐生长繁育的境界。东西方之间固然远隔千山万水，人文地理环境千差万别，但都在不同的文化土壤里孕育出了璀璨的文化与文明。以艺术领域为例，东方的山水亭台孕育出了山水清雅的虞山画派、潇潇寂寥的新安画派；而西方文艺复兴时期的人文气息则培养出了凝重静穆的帕多亚画派、温婉艳丽的威尼斯画派。尽管社会环境、自然地理条件以及生活轨迹不尽相同，然而这些丝毫不会影响彼此之间的交往与交流。自明代至今，东西方之间的政治、经济和文化交流并未被差异所阻断，反而不断谱写出一曲曲华美的乐章。18世纪，“中国热”盛行西欧，深受中华文化影响的洛可可艺术风格一时间蔚然成风，甚至法王路易十四也身着中国服饰。而近代以来，中国的志士仁人也曾远赴西方求知。东西方两种文化之间绵延千载的交流史乃是世所共鉴。文化、艺术界的朋友，应该更加理解“万物并育而不相害，道并行而不相悖”的含义。因为文化代表着一个社会风俗的表征，反映出不同地区国家和人民的对生活的独到见解。例如，中法两国同为典型的大陆文化，都在本地区拥有举足轻重的文化地位，也都曾领一时之风骚，开百代之文宗，创造过举世瞩目的灿烂文明，为世界人民留下了无限的艺术瑰宝。

18世纪的欧洲，无论在法国还是在德意志地区，无论是在启蒙思想家或是在艺术家之间，关于中国、关于东方文明的争论愈演愈烈，从未停歇。一方面，以“欧洲孔子”魁奈为代表的“重农学派”，对中国的农本社会、小农经济予以高度评价。在他们的著作中充满着对于中国——东方这一遥远国度的赞美之情，盛赞之词。而另一方面，孟德斯鸠则将中国作为暴政、专制的代名词。对中国推崇备至的一代启蒙泰斗——伏尔泰将中国、印度、阿拉伯等东方诸国放在《风俗论》全书的卷首，其目的在于提醒身处争论中的各方，在审视某一文明时，不应该抱有丝毫的偏见，更不能视其他文明如草芥。早在其他民族形成之前，在那片遥远而古老的东方大地上，印度、中国等文明古国就已经创造出了令世人称道的璀璨文明，并影响了西方几个世纪。正如伏尔泰所说：“我们吃他们土地生长的事物，穿他们织造的布帛，玩他们发明的游戏……为什么我们却不重视对这些民族的精神的了解呢？”印度的数字，中国的四大发明，瓷器丝绸，以及经由阿拉伯人传入欧洲的“三圃耕作制”（将耕地分为“秋播夏收”“春播秋收”及“休耕地”）“肩挂牵绳法”（将牵绳系于牛马肩上），莫不对欧洲社会产生了重大影响；而甘蔗、水稻等作物也由东方传入，进而影响了欧洲普通百姓的生活。因此，任何人在了解世界之时，把他的目光投射到对于世界文明做出重大贡献的东方国度，无疑是正确的。

有则改之，无则加勉。

【语源】

“有则改之，无则加勉”语出《四书章句集注·论语集注》：“曾子以此三者日省其身，有则改之，无则加勉，其自治诚切如此，可谓得为学之本矣。”

——（南宋）朱熹著《四书章句集注·论语集注》（《文渊阁四库全书》经部四书类《四书章句集注》，第197册，第14页下栏）

这句话的意思是：提出意见或建议的人不应该受到责备或惩罚，听到意见者应该对该问题予以足够的重视和警惕；每个人要善于进行阶段性的反躬自省，如果发现缺点疏失，要及时纠正，即使尚未出现，也要勤勉克服。

【赏析】

无论历代政权系统如何更迭，官制如何变换，言官和谏官的重要性始终毋庸置疑；广开言路，兼听则明已经成为有识之士的共识。先秦田氏齐国，齐威王即位之初，纵情声色，不治政务，致使外敌入侵，兵连祸结。邹忌目睹时艰，觐见威王，讲述了他的妻、妾和客人，出于或偏爱或惧怕或有求他的不同目的，背弃客观事实，对自己阿谀奉承的故事。以此告诫齐威王，不可让赞美蒙蔽双眼、闭塞双耳。于是齐威王励精图治，下令：“大臣、吏员以及平民如能有当面指出我过错之人，会受到上等的赏赐；

写奏折提出建议者，可得到中等赏赐；在朝堂之上或市集之中议论我的过错，而最终传入我耳中的，将受下等封赏。”最终揽得学士、将才纷至沓来，围魏救赵，一时冠绝七国。反观西周一代，周厉王不仅听不进大臣、国人的逆耳忠言，反而指派巫师监视议论朝政者，将那些人尽数杀掉，致使人们在道路之上相遇的时候都不敢说话，仅仅是用眼神打招呼。召公告诫厉王，国君应该采纳近臣、百姓的意见和建议，并且认真地思考是否可行，将其中合理的部分应用于治理国家；但厉王并没有听进去。终至国人暴动，厉王流死异乡，西周遭此大变，国势中衰。正所谓“黄金无足色，白璧有微瑕”（［南宋］戴复古《寄兴二首》），再完美的人或事物都会存有些许不尽人意之处。因此中华民族千百年来形成了虚心纳言、防微杜渐、集思广益、博采众长的传统美德。

思所以危则安，思所以乱则治，思所以亡则存。

【语源】

语出《新唐书·魏徵传》：“思所以危则安矣，思所以乱则治矣，思所以亡则存矣。”

——（北宋）欧阳修、宋祁著《新唐书》卷九十七《魏徵传》（《文渊阁四库全书》史部正史类，第274册，第246页上栏）

这句话的意思是：考量危局产生的因由，方可以国泰民安。在盛世考虑祸乱出现的缘起，才可能达到治平天下。在盛世考辩古来帝王败亡的原委，方可引以为鉴，不至于重蹈覆辙。

【赏析】

历史的涛涛巨浪，曾经淹没了无数“安不思危，治不念乱，存不虑亡”的政权。秦代力并六国，一统宇内；然而不知攻守之势已变，当居安思危，反以为子孙帝王万世之业成矣，不恤民力，力役大兴，结果导致二世而亡。西晋代沿承魏祚，三分归一；成平之日，骄奢之时。石崇王凯，斗富人前；黎民百姓，倒毙街边。八王之乱一旦祸起，五胡乱华生灵涂炭之际。南梁一度国势强盛，力压北朝，马渡江淮，拥兵入洛。梁武帝无心国事，亲贵们养尊处优，终致侯景之乱，江南一片狼藉。隋末天下纷乱，江南塞北，群雄并起，几不可数。唐太宗鉴隋代二世而亡的教训，励精图治，从谏如流，奖掖耕作，与民生息，遂开一代盛世——贞观之治。然而“半世明君半世昏”，汉武帝，梁武帝，皆未能免，唐太宗亦如是。贞观后期，国势日盛，承平日久，然奢靡享乐之风渐起。素以犯颜直谏著称的魏征，告诫太宗纵使太平盛世，尤其不可掉以轻心，自以为天下太平，子孙帝王万世之业已成。“安不思危，治不念乱，存不虑亡”，这便是隋代极盛而亡的症结所在。历代有识之士都深明此理。生活安定的时候也不要安于享乐，要保有忧患意识，对于可能到来的祸患早做提防，切不可有丝毫懈怠。唯有时刻怀有警惕的心，清醒的头脑，方可天下大治，万世承平，民咸安乐，国运弥新。

利而不害，为而不争。

【语源】

语出《老子道德经》第八十一章："天之道，利而不害；圣人之道，为而不争。"

——（三国·魏）王弼注《老子道德经》第八十一章（《文渊阁四库全书》子部道家类，第1055册，第184页上栏）

这句话的意思是：天地（自然界）的生存规律乃是让万物受惠而不受害。而圣贤君子的行为准则和道德规范则应该是尽心作业，淡薄自然，摒弃个人争名逐利的私欲。

【赏析】

随着每个民族的文化基因的差异，各民族发展和崛起的形势也是不尽相同的。有的是伴随着铁蹄与刀剑，有的是伴随着和平与友善。中华民族从几千年前起，就已将崇尚自然、宁静致远、讲信修睦、与世无争深深地融入了自身的民族血液之中。古来君子的行为准则与道德规范：凡事但求尽其心，竭其力，俯仰天地，无愧于心；而耻于争名逐利，为稻粱谋。正如三国时期，蜀汉丞相诸葛亮在《后出师表》中所言："凡事如是，难可逆见。臣鞠躬尽瘁，死而后已。至于成败利钝，非臣之明所能逆睹也。"由是，便形成了历代清流士人引以为豪的淡薄宁静，为而不争的高尚节操。圣贤君子都有自己崇高的追求，但绝不会刻意为之；天道自然，得之吾幸，不得吾命。后汉末年，管宁、华歆同席读书。耕地之时，地有片金，管宁不为所动，华歆则拾起而后丢之。有官吏经过，管宁读书如故，华歆则废书出看。管宁视功名利禄如浮云，对华歆留恋金银、仰慕官位、全无治学之心，但存功利之念的行径深以为耻，留下“子非吾友也”之语，与之割席分坐。在科技飞速发展，一日千里的全新历史条件下，无论是谁想要取得成功，都必须自强自主、自力更生，唯有内敛自修，方可治平一方，“非淡泊无以明志，非宁静无以致远。”（诸葛亮《诫子书》）断然不能因一己之私去妨害、危及他人的利益，这便是对“天之道，利而不害；圣人之道，为而不争”的当代诠释。

人之有德于我也，不可忘也；吾有德于人也，不可不忘也。

【语源】

典出《战国策·魏卷第七·信陵君杀晋鄙章》。“信陵君杀晋鄙，救邯郸，破秦人，存赵国，赵王自郊迎。唐且谓信陵君曰：‘臣闻之曰，事有不可知者，有不可不知者；有不可忘者，有不可不忘者。’信陵君曰：‘何谓也？’对曰：‘人之憎我也，不可不知也；吾憎人也，不可得而知也。人之有德于我也，不可忘也；吾有德于人也，不可不忘也。今君杀晋鄙，救邯郸，破秦人，存赵国，此大德也。今赵王自郊迎，卒然见赵王，臣愿君之忘之也。’信陵君曰：‘无忌谨受教。’”

——（元）吴师道著《战国策校注·魏卷第七·信陵君杀晋鄙章》（《文渊阁四库全书》史部杂史类，第407册，第259页上栏）

这句话的意思是：别人对我施以恩惠，一定要铭记不可忘怀；我对别人施以恩惠，则不可久记于心。

【赏析】

战国时期，秦赵“长平之战”，赵军败绩，秦军长驱直入，进围赵都邯郸，情势危急。赵国公子平原君以姻亲之故，派人求助于魏国公子信陵君。信陵君运用计谋，从魏王身边盗取兵符，杀掉了按兵不动、拒交军权的晋军统帅晋鄙，引军救援赵国，击退了包围邯郸的秦国大军，与赵国可谓有再造之恩。秦军方退，赵王亲往在郊外迎接信陵君。唐且对信陵君说：“属下听说，有的事情不可以知道，有的事情则不可以不知道；有的事情不可以忘记，有的事情则不可以不忘掉。”信陵君问什么事，唐且答道：“别人憎恨我，不可不知。我憎恨别人，却不能让他知晓。别人对我施以恩惠，切记不可忘怀；我对别人施以恩惠，则不该久记于心。当前您杀掉晋鄙，拯救了邯郸城，击破了秦军，保全了赵国，这便是对赵国的大德。今时今日，赵王来到郊外迎接公子，您与仓促之间面见赵王，臣希望您忘记对赵国的大德。”信陵君说：“无忌（信陵君名无忌）恭领您的教诲。”后世所谓“滴水之恩，涌泉相报”“施恩勿求报”“何敢居功”，以及隋代李密的名篇《陈情表》中有“臣生当陨首，死当结草”，皆同此理。由此可见，“人之有德于我也，不可忘也；吾有德于人也，不可不忘也”早已成为一种传统美德，融会、流淌在我们的民族血液里。纵览史书，知恩图报的范例，不胜枚举。东周春秋，在秦晋两国之间爆发了“辅氏之战”，晋国大将魏颗力战秦国将军杜回，二人势均力敌，正在胜负未分之际，杜回被地上打结之草所绊倒，魏颗擒之，晋军由是大胜。事后得知，此草结乃一老人冒死所为，以报当日魏颗救女之恩。有德于他人，应该一如唐且所言，不可不忘，切莫自恃功高，居功自傲，颐指气使。人有德于我，岂可忘怀；受人滴水之恩，当以涌泉相报。无论任何时刻，何种境遇，务必时时记挂在心，铭感五内，知恩图报，不可相负。

海内存知己，天涯若比邻。

【语源】

诗出初唐四杰王勃的《杜少府之任蜀州》：“城阙辅三（一作俯西）秦，风烟望五津。与君离别意，同（一作俱）是宦游人。海内存知己，天涯若比邻。无为在歧路，儿女共沾巾。”

——（唐）王勃著《杜少府之任蜀州》，载（清）彭定求著《全唐诗》卷五十六《王勃二·杜少府之任蜀州（一作川）》（《文渊阁四库全书》集部别集类《王子安集》，第1065册，第82页上栏）

这句话的意思是：环视宇内，你我知己之间的情谊犹存；纵然远隔山水重重，却似人在身旁。

【赏析】

王勃在长安任职之际，恰逢好友前往蜀州赴任，于是前往送行，作诗以慰别情。回望矗立在三秦（项羽夺取天下后将秦国一分为三，分封给前秦降将章邯、董翳和司马欣，“三秦”乃缘于此）大地上，那壮伟雄奇的长安宫泽。远眺由此地通向蜀州所必经的五个渡口，可谓浩渺烟波，关山重重。“面对挚友离别之际的哀愁与不舍，作者与杜少府作为出外为官之人都各自明了。纵使天各一方，再会遥遥无期，但你我相交一场，彼此之间心意相通，实属难得；纵然远隔天涯，也如同近在咫尺。尽管我们将要在岔路口分道扬镳，但不要像男女情侣别离那般泪染衣襟。”离别之际作诗寄情，乃是千百年来文人墨客的必备之举。前有三国曹植的“丈夫志四海，万里犹比邻”（《赠白马王彪》），后有晚唐郑谷的“数声风笛离亭晚，君向潇湘我向秦”（《淮上与友人别》），气势或博大或婉约，然均不及王子安“海内存知己，天涯若比邻”之句，不仅宽慰了远赴边地之人的哀怨与离愁，又表达了诗人志在天地八荒的高远志向与博大胸襟，故后世以此为别离诗之千古佳句。“疆里虽重海，车书本一家”（温庭筠《送渤海王子归国》），纵览人类社会的交流史，大到不同文明之间的交流，小到友人之间的沟通，万里长天，海阔山遥，从未隔阻心与心之间交往。维系着友情的不是道路的远近，更不是利益的羁绊，而是至交好友彼此间相互扶持、休戚与共的真切情谊。相交满天下，知心能几人；人之相识，贵在相知；人之相知，贵在知心。友情之花绝不会为万里碧波所隔断，绵绵情意将飞越茫茫海洋，穿越重重关山，永远在人们心中传递。

和合故能谐。

【语源】

出自《管子·兵法》："畜之以道，则民和。养之以德，则民合。和合故能谐，谐故能辑，谐辑以悉，莫之能伤。"相传乃春秋时期思想家、改革家，齐相管仲所著。

——《管子·兵法第十七》（《文渊阁四库全书》子部法家类，第729册，第73页上栏）

这句话的意思是：和谐融洽、和睦同心便可以做到诸事协调。

【赏析】

文中所谈乃养兵之道。其大意为：依照客观规律供养士兵，（不惊扰百姓），则军民和谐；按照道义教化供养军队，（不骚扰黎民），则军民融洽。和谐融洽、和睦同心便可以做到诸事协调，就可以达到和谐和洽的局面。方方面面尽数和谐和洽，便没有什么可以侵害这个国家了。经历管子在此处言及兵道，推及开来，世间万物皆是如此。按照事物发展规律来处理人与人之间的关系、人与自然的关系、人与社会的关系，这与军队和人民之间的关系是有可比性的。"和谐"可以使得军士百战不殆，百姓安居乐业，无论何种内忧或外患，都再不能对国家造成损害了。东周春秋，自平王西迁以来，王室衰微，再难肩负起统御诸侯的重责大任。然而当时之势，北有山戎、狄族，不断南下侵扰中原诸国；南有楚国，不甘心臣服于周王室，自立为王，开疆扩土，欲北上争雄中原。称雄东海之滨的霸主齐桓公在管仲的辅佐下，号召中原诸侯停止内部之间毫无意义的征战杀伐，共同凝聚到"尊王攘夷”的大旗之下。在齐桓公的倡导之下，中原诸侯国暂时搁置了争议，多次会盟。入盟之国，对内维护华夏各国的稳定，对外抵御来自各方的威胁，最终使得山戎北退，楚国入贡，携手并肩护卫了中原文化。国家、群体乃至家庭，如果能妥善地处理和协调好内部的各类矛盾，达到“谐辑以悉”，同心同德，万众一心，则必定可以排除万难，开创人人为我、我为人人、各尽所能、秩序井然的局面，最终达到“莫之能伤”的境界。

广开言路，集思广益，兼收并蓄，博采众长。

【语源】

“广开言路，集思广益，兼收并蓄，博采众长”分别出自以下典籍：

（刘宋）范晔《后汉书·李王邓来列传第五·来历传》：“朝廷广开言事之路，故且一切假贷；若怀迷不反，当显明刑书。”

——（刘宋）范晔《后汉书》卷四十五《李王邓来列传第五》（《文渊阁四库全书》史部正史类，第252册，第517页下栏）

（唐）韩愈《进学解》：“玉札丹砂，赤箭青芝，牛溲马勃，败鼓之皮，俱收并蓄，待用无遗者，医师之良也。”

——（唐）韩愈《进学解》（《文渊阁四库全书》集部别集类，第1075册，第201页下栏）

（北齐）魏收《魏书·刘芳传》：“臣以庸蔽，谬忝今职，考括坟籍，博采群议，既无异端，谓粗可依据。”

——（北齐）魏收《魏书》卷五十五《刘芳传》（《文渊阁四库全书》史部正史类，第261册，第750页上栏）

这句话的意思是：拓宽提建议和发表议论的途径，汇集大众的智慧和力量，广泛地汲取来自各方的意见，全面地采纳每一个人的长处以为己用。

【赏析】

个人的本领即使再强大，也远不及一个团队、一个集体的力量。诸葛亮在中华民族的历史上可谓是智慧的化身，但他却善于聆听、采纳幕僚们提出的意见和建议，从不独断专行，在集思广益、博采众长方面为我们做出了表率。三国时期，诸葛亮率兵南征孟获，部下马谡提出要收服孟获，不仅要在从武力上，更要在思想上收服他，使其心悦诚服地归顺。诸葛亮听取了属下的意见，“七擒七纵”，尽得人心，最终凯旋，为北伐创造了条件。集体的力量或能力是来源于千差万别的个体的，因而是多元化的，是单一个体所无法匹敌，难以望其项背的，这就是民间谚语所谓的“三个臭裨将赛过诸葛亮”。战国贵族官宦大都供养门客，以为己用，大概也是基于这个道理。战国时期，齐国宗亲，战国四公子之一的孟尝君在自己的府邸供养了三千门客，其人各怀技艺，深藏不露。孟尝君携宾客西入秦国，不料秦王听信谗言，囚禁孟尝君于秦地，使其不得回还，更有性命之忧。其时，唯有秦王宠妃可以相救，但她却向孟尝君索要“狐白裘”（此时孟尝君已将狐裘送与秦王）。正在孟尝君一筹莫展之际，门客中有一人自言可模仿狗的身形，入宫盗取狐裘。宠妃得到狐裘后，便暗中相助，孟尝君一行遂得以东还齐国，行至函谷关（进出秦国的重要关隘，天明开关，入夜闭关）前。然而秦王违信，发兵追捕孟尝君，不久便将抵达函谷。情急之下，门客中又有一人擅长模仿鸡鸣之声，在夜幕之中引得附近群鸡报晓，守关将士开关放行，孟尝君方才摆脱追兵，有惊无险，得以返回故土。才能、技艺只有娴熟、生涩之分，断无高低、贵贱之别。一个团队、一个集体乃至一个国家，需要各方面的人才出谋划策，集思广益。欲举大事，欲成大业，唯有群策群力，集思广益，方可汇八方智慧，成时代之大计。

博学之，审问之，慎思之，明辨之，笃行之。

【语源】

出自《礼记·中庸》："博学之，审问之，慎思之，明辨之，笃行之。"

——《礼记正义·中庸》，（东汉）郑玄注，（唐）孔颖达疏（《文渊阁四库全书》经部礼类《礼记注疏》，第116册，第368页上栏）

这句话的意思是：读书治学要博采众长，存疑而学，谨慎思辨，明细判别，在实践中矢志不渝地贯彻执行。

【赏析】

古往今来，"博学之，审问之，慎思之，明辨之，笃行之。”一直是莘莘学子笃信的座右铭之一。“博学慎思，明辨笃行”，“学、问、思、辨、行”五个环节互为依附，丝丝入扣，不可偏废。有明一代，学者多有肆意篡改古书之习气，仅凭一己之意，以一人之愿，洋洋洒洒，对古籍删改增补。致使明本书籍破绽百出，千疮百孔；以为自成一家，实则流毒后代，贻笑千古。这便是没有处理好“审问”“慎思”与“明辨”之间的关系，在缺乏客观依据或依据不足的情况下，仅凭主观动机驱使所铸成的大错。明季大儒顾炎武有鉴于此，提出“博学于文，行己有耻”，强调读书之人要在遍览古籍，求得实证的基础上治学，反对主观学风。在日常的学习生活中，学生们应该循序渐进地领悟和吸取传统文化中的精髓，以历代博学苦读之士为榜样，对待学习遍览群书，广泛地摄取各类知识，学贯古今，兼合中西，放眼望世界。对于所学知识，读到疑惑之处要深究其因由，切不可流于形式，走马观花。与此同时，谨慎思辨、耐心体味书中的真谛，检验自己是否尽得精髓，乃至运用自如，能存记忆中，最后将它们付诸实践，作为一生行动的指针，勤勉认真，明辨笃思，不耻下问，最终成为国家明日的栋梁之材，擎天之柱。

千淘万漉虽辛苦，吹尽狂沙始到金。

【语源】

出自（唐）刘禹锡《浪淘沙》第八首：“莫道谗言如浪深，莫言迁客似沙沉。千淘万漉虽辛苦，吹尽狂沙始到金。”

——（唐） 刘禹锡《浪淘沙》，载（清）彭定求《全唐诗》卷三百六十五（《文渊阁四库全书》集部别集类《刘宾客文集》，第1077册，第494页上栏）

这句话的意思是：在过滤金沙的时候，需要不辞勤劳，千万次地筛选漂洗；唯有如此方可吹散黄沙，滤得真金。

【赏析】

中唐贞元年间，诗人与王叔文、王伾以及柳宗元、凌准、韩泰、韦执谊等十人，组成革新集团，辅佐顺宗，打击日益膨胀的阉宦势力，废除“宫市”，即宫使廉价采买商品的制度，改革积弊，削除藩镇割据势力，但最终在阉宦和藩镇外臣的联合反扑下归于失败。顺宗被迫禅让皇位，革新集团的成员或赐死，或远放边地为司马，故史称“二王八司马”。刘禹锡遭贬外放，故人亲友，生死茫茫，正所谓“微霜众所践，谁念岁寒心”（柳宗元《感遇二首》），承受着以上种种打击，诗人依旧百折不挠，不气不馁，克己修身，以待再起；坚信“永贞革新”未竟之业，他日定有全功之日；遂为此诗，以寄其情。其意如下：不要说奸佞小人的诽谤好似滔天巨浪一样久久难以退去，不要说贬谪外放之人会如同流沙一样慢慢地消散下沉。在过滤金沙之时，需要不辞勤劳，千万次地筛选漂洗；唯有如此方可吹散黄沙，滤得真金。身处逆境之中，有些人或彷徨或懊恼，或气馁或绝望，就此沉沦下去。然而刘禹锡一生之中经历了几起几落，波折不断，但诗人并没有因为一时的挫折而自暴自弃，更没有丧失重返朝堂、战胜群奸的勇气与信心，而是一如诗中所言，修身养性，勤勉磨砺，相信自己最终可以摆脱奸佞的谗言。不过，这个等待是漫长的。敬宗宝历年间，诗人得以重返洛阳，结束了历时二十余载的漂泊生涯，沉冤昭雪。

忧民之忧者，民亦忧其忧。

【语源】

出自《孟子·梁惠王下》："乐民之乐者，民亦乐其乐；忧民之忧者，民亦忧其忧。乐以天下，忧以天下，然而不王者，未之有也。"

——《孟子注疏》，（东汉）赵岐注，（北宋）孙奭疏（《文渊阁四库全书》经部四书类，第195册，第45页上栏）

意思是说：执政者以百姓的快乐为快乐，百姓也会以他的快乐为快乐；以百姓的忧愁为忧愁，百姓也会以他的忧愁为忧愁。能与普天万民同乐，与普天万民同忧，这样还不能使天下归服的，是从未有过的事。在以后的历史进程中，这句话被不同的人引用并改编，如范仲淹就说："先天下之忧而忧，后天下之乐而乐。"

【赏析】

封建士大夫素有担当的使命，为君分忧，为民请命。使君主不至于过于放纵自己，使民众可以有较好的生活。"民"是社会的基础，而君与民的关系又是中国古代社会最重要的关系之一。在中国古代社会里，封建士大夫以为民众大声疾呼，为民众争取更大的生活空间，也使社会有稳定的基础为己任。而民众所做的一切，也关系着国家的方方面面。在君与民之间，封建士大夫无可推卸地自觉担当起了这个调和的角色。孟子即是这个士人集体中的一员。而《孟子》，则处处体现了孟子民本思想的光辉。在如何保障民众的生活，如何鼓励民众生产，如何教民以善等诸多方面，孟子表达了对人民群众的关怀。比如在保障民众生活方面，孟子就提出了自己的标准："是故明君制民之产，必使仰足以事父母，俯足以畜妻子，乐岁终身饱，凶年免于死亡。然后驱而之善，故民之从之也轻。"孟子认为明君最起码的标准是要使百姓能够有足够的财产孝养父母，养活妻子儿女。在收成较好的年份终年得以温饱，收成不好的年份免于饥寒死亡的威胁。如果君主以百姓的忧愁为忧愁，以百姓的快乐为快乐，百姓也会以君主的快乐为快乐。能与万民同乐，与万民同忧，天下必然归一，进而达到大治。当然，此外还有诸如"独乐乐"与"众乐乐"等，这些都使孟子在中国古代民本思想的建设方面占有重要的地位。其后，贾谊在《过秦论》中，曾以秦亡的历史教训，指出"牧民之道，务在安之而已"，也强调了以民为本、安定民生的重要性。再如唐太宗李世民也曾以"水能载舟，亦能覆舟"自励，也意在表明民众对国家治乱兴衰的重要。可见，只有心系百姓，天下和谐，国家才能大治。

一衣带水。

【语源】

出自《南史·陈纪下》。"隋文帝谓仆射高颎曰：'我为百姓父母，岂可限一衣带水不拯之乎？’”

——（唐）李延寿撰《南史》（《文渊阁四库全书》史部正史类，第265册，第183页下栏）

“一衣带水”指的就是像衣带般宽的狭窄水域。此句意思是，隋文帝对仆射高颎说：“我为天下百姓的父母，怎么可以因一条像衣带般宽水域的阻隔而不去拯救他们呢？”

【赏析】

当时，隋朝已经统一了北方，而南方尚有陈朝存在。陈朝后主陈叔宝政事腐败生活荒淫。雄才大略的隋文帝志在统一，决意伐陈。但自古征伐讲求要伐得有道。隋文帝在伐陈前自然也得找到适当的理由，他对仆射高颎的话就是伐陈的最好理由：既然陈朝百姓处于水深火热中，我是天下百姓的父母，怎么可以因一条像衣带般宽的河流的阻隔，而不去拯救他们呢？当然，一衣带水，是一种夸张的手法。虽有江河水域相间，但不足为阻。此后，以此借代阻隔的话屡屡见于记载中。如《宋史·潘美传》“美下令曰：‘美受诏提骁果数万人，期于必胜，岂限此一衣带水，而不径度乎？’”意思是说潘美已经有了必胜的把握，不惧怕河流的阻隔，要求将士迅速渡河，以取得胜利。[①]再如冰心《樱花与友谊》：“消息传来，隔着一衣带水的中日两国人民都感到非常高兴。”

水自古以来就是人们喜欢歌咏的素材之一，从《诗经·蒹

① 脱脱等撰《宋史》卷二百五十八，中华书局1977年版，第8992页。

葭》中描述的在水一方的伊人开始，水一直被赋予各种形象，有时竟成了不为通途的代称，如“天堑”。但正如老子所说的“上善若水”，水又有着其他形象。水是最善的，也是最柔、最刚的。在宋代文豪苏东坡的笔下，描述的则是“白露横江，水光接天”的波澜壮阔。而“一衣带水”，则直接以“水”字来表示距离。

与国人交，止于信。

与朋友交，言而有信。

无信不立。

【语源】

“与国人交，止于信”出自《礼记·大学第四十二》。“《诗》云：‘穆穆文王，于缉熙敬止。’为人君，止于仁；为人臣，止于敬；为人子，止于孝；为人父，止于慈；与国人交，止于信。”

——《礼记正义》，（东汉）郑玄注、（唐）孔颖达疏（《文渊阁四库全书》经部礼类《礼记注疏》，第116册，第477页上栏）

后人在注释毛诗时也引用了这句话。《毛诗正义·荡之什诂训传第二十五》：“女为善则民为善矣。止，至也。为人君止于仁，为人臣止于敬，为人子止于孝，为人父止于慈，与国人交止于信。”

——《毛诗正义》，（西汉）毛亨传，（东汉）郑玄笺，

（唐）孔颖达疏（《文渊阁四库全书》经部诗类《毛诗注疏》，第69册，第820页下栏）

意思是："《诗经》上说，'端庄盛美的文王啊，你光大先王之德，敬顺天命。'作为国君，要做到仁爱；作为臣子，要做到恭敬；作为子女，要做到孝顺；作为父亲，要做到慈爱；与他人交往，要做到讲信用。

"与朋友交，言而有信"出自《论语·学而》。"子夏曰：贤贤易色，事父母能竭其力，事君能致其身，与朋友交言而有信。虽曰未学，吾必谓之学矣。"

——《论语注疏》，（三国·魏）何晏集解，（北宋）邢昺疏（《文渊阁四库全书》经部四书类，第195册，第537页下栏）

这段话的意思是："子夏说，一个人能够看重贤德而不以容貌为重，侍奉父母能竭尽全力，侍奉君王能忠诚献身，和朋友交往说话讲信用。这样的人，尽管他自己谦虚说没有学习，我也一定说他已经学习过了。"

"无信不立"出自《论语·颜渊第十二》。"子贡问政。子曰：'足食，足兵，民信之矣。'子贡曰：'必不得已而去，于斯三者何先？'曰：'去兵。'子贡曰：'必不得已而去。于斯二者何先？'曰：'去食。自古皆有死，民无信不立。'"

——《论语注疏》，（三国·魏）何晏集解，（北宋）邢昺疏（《文渊阁四库全书》经部四书类，第195册，第638页上栏）

这段话的意思是，"子贡问怎么处理国家的政事。孔子说：

‘要有充足的粮食，要有充足的兵力，还要取得人民的信任。’子贡说：‘如果不得已必须从这三者中间去除一项，那么先去除哪一项呢？’孔子说：‘去掉兵力。’子贡说：‘如果迫不得已在后二者之中再去掉一项，该去掉哪一项呢？’孔子说：‘去掉粮食，自古以来人都是要死的，但是，如果没有人民的信任，这个国家也就不能再存在下去了。’”

【赏析】

人是社会性的动物，每个人都必须在与他人的交往中体现自己的价值。早在中国古代，我们的先贤们就在讨论这些交友的原则。

与人交往需要的是智慧，与国家交往虽说靠的是一国的综合国力，但是智慧的运用又往往能收到意想不到的效果，达到本难达到的高度。新中国建立之初，国家在外交上面临着巨大的困难，正是周恩来总理靠着自己的人格魅力和智慧，征服了许多外国友人的心，迅速打开了新中国外交上的困局。

这三句话的前两句，分别从两个不同的角度论述了“信”的作用。与人交往，讲求信用是第一原则，如果丧失了这一原则，一切交往均会显得苍白无力。与朋友交往，则更要求有信用，对自己说过的话负责，也就是“言而有信”，这不仅是对别人的尊重，也是对自己的砥砺。而这两者归结起来，就是“无信不立”，如果一个人丧失了别人的信任，他将难以在社会上立足，更不用提在社会上的发展。我们每每感叹于孟信不卖那头病牛，也感叹于蔺相如的完璧归赵，更惋惜于因烽火戏诸侯而遗臭万年的周幽王。历史已经给我们了很多教训，所以无论什么时候，与人交往时都应当将“诚信”作为一条基本原则，“诚信”值得我们在任何时候信守。

周虽旧邦，其命维新。

【语源】

出自《诗经·大雅·文王之什诂训传第二十三》。原文为：“周虽旧邦，其命维新，是立周邦也。”

——《毛诗正义》，（西汉）毛亨传，（东汉）郑玄笺，（唐）孔颖达疏（《文渊阁四库全书》经部诗类》，第69册，第689页下栏）

意思是周虽说是个旧邦，但是它承受天命有新的气象，所以周朝才会建立起来。《礼记·大学第四十二》及《孟子·滕文公章句上》等文献中也多次引用此语。

【赏析】

“创新是一个民族进步的灵魂，是一个国家兴旺发达的不竭动力”。“创新”似乎是一个永恒的话题。不管任何时候，只有有了创新，一个民族乃至一个国家才能更好地发展。而在中国古代，创新却被赋予了另外一层含义，一个王朝的覆灭和一个新王朝的建立往往被认为是一种创新或维新，周朝的建立是商朝“气数”的消尽和周族受天命维新的结果。

用我们现在的眼光来看，并非有什么天在主宰着这些王朝的命运，而是由于这些王朝的统治者没有及时创新，而逐步失去民心，断送了自己的命运。商纣王骄奢淫逸，滥用酷刑，使人民都不满意他的统治，而周文王和周武王则广揽人才，发展经济，逐步取得了人民的信任，并在人民的支持下，最终取得了统治权。

今天，“创新”或“维新”更多地被认为是科学技术上的进步和政治体制等方面的改良。对于我们中国来说，现在更是一个需要“创新”的时期。改革开放以来，我国的经济得到了飞速的发展，科技水平有了显著的提高，现代化进程明显加快，综合国力稳步提升。但是，我国还存在着一些问题，比如资源浪费严重、环境污染严重等等，这些都需要我们进一步创新，改进原有的技术，升级原有的设备，让资源更加优化配置，让经济结构更加科学合理。当然，创新不只局限在科技方面，我们在管理机制方面也需要创新，使我们的企业更好地发展；我们在教育机制方面同样需要创新，使我们的学校培养出更加有用的人才；我们甚至在文化上也需要创新，来开创文化发展的新潮流。当然，我们在任何一个领域的创新都可能带来深远的影响，所有的一切都可能成为发展所需的新的契机。

当然，不仅仅是对国家，对于我们每个人来说也是一样，我们也需要不断创新，只有不断创新，不断更新自己的思想、改进自己的做法，我们才能不断适应这个社会，不断取得自己的进步。

天变不足畏，祖宗不足法，人言不足恤。

【语源】

“天变不足畏，祖宗不足法，人言不足恤。”出自《宋史·王安石列传》。

——（元）脱脱等撰《宋史·王安石列传》（《文渊阁四库全书》史部正史类，第286册，第337页下栏）

意思是，天象的变化不必畏惧，祖宗的规矩不一定效法，大家的议论不必担心。

【赏析】

有利的瞬间，肯定是要抓得住，但机会只垂青于有准备的人。只有做好了充分的准备，才能抓住机会，而准备是一个漫长而艰辛的过程。这个过程是对人生的磨炼，是对一个人品质的砥砺。我们在每次失败时总会抱怨命运的不济，怨恨社会的不公。其实，最该抱怨的还是我们自己，只要我们做足了准备，机会还是会降临在我们身边。不过，机会往往转瞬即逝，这就要求我们在做好充分准备的同时，要有一双善于发现的眼睛。在这“有利的瞬间”即将到来的时候，张开双手去迎接它。只有在做好了充分的准备并拥有善于发现的眼光时，我们才能在“有利的瞬间”到来时游刃有余，才能抓住机会，不会与之失之交臂。作为一名普通公民的我们尚需如此，要想成为一名合格的世界性的领导者，更应该具备那些素质，在风云变幻莫测的世界中，抓住机会，运筹帷幄。

天在古代人们心目中的地位是无比神圣的，特别是“君权神授”为天和帝王都蒙上了神秘的色彩，“天子”成为统治者进行合法统治的依据。为了增加统治的神秘色彩，“顺天”“应天”这样的地名屡见不鲜，而所有的行事，则更要“秉承天意”，天的变化则往往是天在表达它的意愿。这些使得人民对天的变幻莫测战战兢兢；祖宗开疆拓土，建立政权、制定法律，拥有无上的地位，这使得后世的君主对其祖宗之法怀着无比的崇敬之情，很少有人敢于触动它，且更少有人敢于改变它；“众口铄金，积毁销骨”，人言之可畏使人对于流言也惧怕三分。然而，为了强调变法，王安石提出了这样三“不足”，可见其思维的开阔和非凡的魄力，这使其足以被后人常常记起。

春华秋实。

【语源】

“春华秋实”出自《三国志·魏志·邢颙传》。“庶子刘桢书谏植曰：‘家丞邢颙，北土之彦，少秉高节，玄静淡泊，言少理多，真雅士也。桢诚不足同贯斯人，并列左右。而桢礼遇殊特，颙反疏简，私惧观者将谓君侯习近不肖，礼贤不足，采庶子之春华，忘家丞之秋实。为上招谤，其罪不小，以此反侧。’”在这里，“春华秋实”比喻的是文采和操行，即刘桢文章写得很出色，而邢颙崇尚笃行，曹植因此喜欢刘桢而不喜欢邢颙。

——（晋）陈寿《三国志·魏志·邢颙传》（《文渊阁四库全书》史部正史类，第254册，第242页下栏）

另外，《颜氏家训·勉学》中亦有春华秋实的描述：“夫学者，犹种树也。春玩其华，秋登其实。讲论文章，春华也；修身利行，秋实也。”在这里，春华秋实比喻的是学问与操行之间的关系。但随着历史的发展，“春华秋实”的意思也发生了很大的变化，现在春华秋实往往指的是一种因果关系，“春华”有时亦写作“春花”。

【赏析】

“春花”与“秋实”往往被人们认为是非常美好的东西，在春天播下的希望在秋天会结下累累硕果。然而，最可恼者，种下的颇多，却一无所获。但是，这毕竟是少数。大多情况下，在春天种下希冀，种下盼望，秋天时就能有所收获。当然，我们追求的也是后者，也只有后者，才能给人们以心灵的慰藉，才能鼓励人们勇往直前，以求收获更多。

我们每每看到秋的丰实，可是，能有多少人能想到春天的播种？秋实虽然美好，但播种和辛勤培育的过程却是辛苦的。我们经常说“勤能补拙是良训，一分辛苦一分才” 这句古训，也经常听”我只是个普通人。但是，我的确比普通人更加倍努力等有关勤奋的名言。现在，我们更应该说：秋实是春天的播种和夏天的培育得来的。

每逢佳节倍思亲。

【语源】

出自（唐）王维《九月九日忆山东兄弟》。全诗为：“独在异乡为异客，每逢佳节倍思亲，遥知兄弟登高处，遍插茱萸少一人。”亦有将“佳节”写为“嘉节”的，但常见的版本均为“佳节”。

——（唐）王维《九月九日忆山东兄弟》，载（清）彭定求等编《全唐诗》（《文渊阁四库全书》集部别集类《王右丞集笺注》，第1071册，第183页下栏）

这句诗的意思为每到过节的时候就加倍思念自己的亲人。这里的佳节特指重阳节。按照中国古代的传说，阴历九月九日的时候，登高并插上茱萸可以辟邪，所以有阴历九月九日登高的习俗。现在，这句家喻户晓的诗被用到了所有的节日。

【赏析】

佳节良辰，却身在异乡，看着别人都在快快乐乐地过节，自己却孤身一人，独自承受着寂寥。每当这个时候，不由得又想起了自己远在家乡的亲人，思念一阵阵涌上心头。每当这个时候，我们可能都会想到王维的这句诗。当时十七岁的王维第一次在异乡过节，不由得想起了家中的兄妹等亲人，于是他用他对亲人的思念谱写了一曲千古绝唱，至今为人们传诵。

中国是一个有着悠久历史的国度，几千年的历史给我们留下了许多宝贵的财富，传统节日就是其中的一部分。每每这个时候，人们总会通过各种方式为自己也为亲人祈福。而这时候的游子，最思念的还是自己的亲人。春节是中华民族的传统节日，每到这个时候，身在异乡的游子不管在什么地方，都会尽量赶回家与家人团圆。这就使仍在异乡的人更感孤独，所以在春节期间仍在工作的人更难能可贵。

昔我往矣，杨柳依依，今我来思，雨雪霏霏。

【语源】

出自《诗经·小雅·采薇》。原文为："昔我往矣，杨柳依依。今我来思，雨雪霏霏。"

——《诗经·小雅·采薇》（《文渊阁四库全书》经部诗类《毛诗注疏》卷十六，第69册，第461页上栏）

昔：指出征时。依依：形容柳丝轻柔、随风摇曳的样子。一说，依恋貌。思：语末助词。霏霏：雪花纷落的样子。译文：回想当初出征时，杨柳依依随风吹；如今归来路途中，大雪纷纷满天飞。

【赏析】

寒冬，阴雨霏霏，雪花纷纷，一位解甲退役的征夫在返乡途中踽踽独行。道路崎岖，又饥又渴；但边关渐远，乡关渐近。此刻，他遥望家乡，抚今追昔，不禁思绪纷繁，百感交集。艰苦的军旅生活，激烈的战斗场面，无数次的登高望归情景，一幕幕在眼前重现。《采薇》，就是三千年前这样的一位久戍之卒，在归途中的追忆唱叹之作。其类归《小雅》，却颇似《国风》。

全诗六章，可分三层。既是归途中的追忆，故用倒叙手法写起。前三章为一层，追忆思归之情，叙述难归原因。这三章的前四句，以重章之叠词申意并循序渐进的方式，抒发思家盼归之情；而随着时间的一推再推，这种心情越发急切难忍。首句以采薇起兴，但兴中兼赋。因薇菜可食，戍卒正采薇充饥。所以这随手拈来的起兴之句，是口头语、眼前景，反映了戍边士卒的生活苦况。边关士卒的“采薇”，与家乡女子的“采蘩”“采桑”是不可同喻的。戍役不仅艰苦，而且漫长。“薇亦作止”“柔止”“刚止”，循序渐进，形象地刻画了薇菜从破土发芽，到幼苗柔嫩，再到茎叶老硬的生长过程，它同“岁亦莫止”和“岁亦阳止”一起，喻示了时间的流逝和戍役的漫长。岁初而暮，物换星移，“曰归曰归”，却久戍不归；这对时时有生命之虞的戍卒来说，怎能不“忧心烈烈”。那么，为什么戍役难归呢？后四句作了层层说明：远离家园，是因为猃狁之患；戍地不定，是因为战事频频；无暇休整，是因为王差无穷。其根本原因，则是“猃狁之故”。《汉书·匈奴传》说：“（周）懿王时，王室遂衰，戎狄交侵，暴虐中国。中国被其苦，诗人始作，疾而歌之曰：‘靡室靡家，猃狁之故’云云。”这可视为《采薇》之作的时代背景。对于猃狁之患，匹夫有戍役之责。这样，一方面是怀乡情结，另一方面是战斗意识。前三章的前后两层，同时交织着恋家思亲的个人情和为国赴难的责任感，这是两种互相矛盾又同样真实的思想感情。其实，这也构成了全诗的情感基调。《毛诗序》根据这两章对军旅生活的描写，认为《采薇》是“遣戍役”、劝将士之诗。这与诗意不符。从全诗表现的矛盾情感看，这位戍卒既恋家也识大局，似乎不乏“国家兴亡，匹夫有责”的责任感，而在漫长的归途上追忆起昨日出生入死的战斗生活，是极自然的。

笼罩全篇的情感主调是悲伤的家园之思。或许是突然大作的霏霏雪花惊醒了戍卒，他从追忆中回到现实，随之陷入更深的悲伤之中。追昔抚今，痛定思痛，怎能不令“我心伤悲”呢？“昔我往矣，杨柳依依。今我来思，雨雪霏霏。”这是写景纪实，更是抒情伤怀。在“今”与“昔”、“来”与“往”、“雨雪霏霏”与“杨柳依依”的情境变化中，戍卒深切体验到了生活的虚耗、生命的流逝及战争对生活价值的否定。绝世文情，千古常新。今人读此四句仍不禁怅触于怀，黯然神伤，也主要是因为体会到了诗境深层的生命流逝感。“行道迟迟，载渴载饥”，加之归路漫漫，道途险阻，行囊匮乏，又饥又渴，这眼前的生活困境又加深了他的忧伤。“行道迟迟”，似乎还包含了戍卒对父母妻孥的担忧。一别经年，“靡使归聘”，生死存亡，两不可知，当此回归之际，必然会生发“近乡情更怯，不敢问来人”（［唐］李频《渡汉江》）的忧惧心理。然而，上述种种忧伤在这雨雪霏霏的旷野中，无人知道更无人安慰。“我心伤悲，莫知我哀”，全诗在这孤独无助的悲叹中结束。综观全诗，《采薇》主导情致的典型意义，不是抒发遣戍役劝将士的战斗之情，而是将王朝与蛮族的战争冲突为背景，将从属于国家军事行动的个人从战场上分离出来，通过归途的追述集中表现戍卒们久戍难归、忧心如焚的内心世界，从而表现周人对战争的厌恶和反感。《采薇》，似可称为千古厌战诗之祖。在艺术上，“昔我往矣，杨柳依依。今我来思，雨雪霏霏”，被称为《三百篇》中最佳诗句之一。自南朝谢玄以来，对它的评析已绵延成一部一千六百多年的阐释史。王夫之《姜斋诗话》的“以乐景写哀，以哀景写乐，一倍增其哀乐”和刘熙载《艺概》的“雅人深致，正在借景言情”，已成为诗家口头禅。而“昔往”“今来”对举的句式，则屡为诗人追摹，如曹植的“始出严霜结，今来自露晞”

（《情诗》），颜延之的“昔辞秋未素，今也岁载华”（《秋胡诗》之五）等等。

男子二十冠而字。

【语源】

出自《礼记·曲礼上》。原文为：“男子二十冠而字。”

——《礼记·曲礼上》（《文渊阁四库全书》经部礼类《礼记注疏》卷二，第115册，第54页上栏）

古代男子到了二十岁行加冠礼，取字。自称以名，称人以字。

【赏析】

冠礼是礼仪的开始，表示人生角色的转变，其实质是责任教育。一个男孩子行了加冠礼以后，表示他已由家庭中毫无责任的“孺子”升格为成年人，正式成为家族中的一员，从此，要以成年人的身份参加社会活动。

《礼记·冠义》说：“凡人之所以为人者，礼义也。礼义之始，在于正容体、齐颜色、顺辞令。容体正、颜色齐、辞令顺，而后礼义备。以正君臣、亲父子、和长幼。君臣正，父子亲，长幼和，而后礼义立。故冠而后服备，服备而后容体正、颜色齐、辞令顺。故曰：冠者，礼之始也。”一个人活动于社会中，首先见诸他人的是仪表（容体）、情态（颜色）、言语（辞令）。仪表端庄，情态温婉，言语得体，是做人的基本礼仪。礼仪是外在表现形式，其内在修养则形诸仁义孝悌忠信。曾参说：“君子所贵乎道者三，动容貌，斯远暴慢矣；正颜色，斯近信矣；出辞气，斯远鄙倍矣。”曾参所言，可以为何以“正容体，齐颜色，顺辞令”的最好诠释。行加冠礼之后，就要责以成人之礼，时刻提醒自己：远离粗暴傲慢，践行诚实守信，拒绝庸俗浅薄。

《礼记·冠义》又说：“成人之者，将责成人礼焉也。责成人礼焉者，将责为人子、为人弟、为人臣、为人少者之礼行焉。将责四者之行于人，其礼可不重与。故孝弟忠顺之行立，而后可以为人；可以为人，而后可以治人也。故圣王重礼。故曰：冠者，礼之始也。”只有履践孝悌忠顺之德，才能成为合格的儿子、弟弟、臣下、晚辈，成为各种合格的社会角色。只有这样，才可以称得上是人，也才有资格去治理别人。因此，冠礼就是“以成人之礼来要求人的礼仪”，换句话说，冠礼是人之能够成为人的“奠基工程”，所以，儒家将冠礼定位于“礼仪之始”，给了它极高的文化地位。

积土成山，非斯须之作。

【语源】

出自（汉）王充《论衡·状留篇》。原文为：“河冰结合，非一之日寒；积土成山，非斯须之作。”《礼记》注：“斯须，犹须臾也。”

——（汉）王充《论衡》（《文渊阁四库全书》子部杂家类，第862册，第173页下栏）

这句话的大意是，河水结冰，不是一天的寒冷所造成的；把土积成山，也不是一时的工夫所能完成的。这句话在其后的历史进程中不断演变，后来成为今天的一句谚语："冰冻三尺，非一日之寒；为山九仞，岂一日之功。"

【赏析】

在日常生活中，我们往往看到的是谁取得了某些成果，而对于过程却是不管不问。其实，"不积跬步，无以至千里；不积小流，无以成江海"，每一个成果的背后都是无数的汗水和付出。我们在看到别人成果的同时更应该看到的是别人的辛勤付出，因为积累的过程是漫长而辛苦的，所以只要努力并持之以恒，最终获得的定然是累累硕果。

在人类的发展历程中，也经常体现着这一特点，特别是文明的积累。中国是有着五千年文明历史的国度。五千年来，中国的文化也在不断积累着。我们的先人发明了甲骨文，甲骨文经过不断积累发展最终形成了今天的汉字，并且是唯一一种使用至今的象形文字，这是何等的不易！而更为珍贵的是，中华民族五千年的文明没有中断，在一直积累着，积累着经济、文化、科技，也积累着许多其他价值的东西。这些东西，不仅是中华民族宝贵的财富，也是全人类宝贵的财富。这正好又应验了"积土成山，非斯须之作"。

亡羊补牢，犹未晚矣。

【语源】

出自《战国策·楚策四·庄辛楚襄王章》。原文为："见菟而顾犬，未为晚也；亡羊而补牢，未为迟也。”

——《战国策注释》，《战国策·楚策四·庄辛楚襄王章》（《文渊阁四库全书》史部杂史类，第406册，第345页上栏）

菟：同“兔”。顾：回头看，想起。为：通“谓”。亡：丢失。牢：养牲畜的圈，此处指羊圈。因此，这句话的大意就是看到兔子的时候才想起猎犬，不算晚；丢失了羊，然后想起补好羊圈的漏洞，也不算晚。

【赏析】

每个人都会犯错误，这无可厚非，也不可怕，怕就怕在许多人犯了错误还不知道，不去改正。“亡羊补牢”给我们提供的是一种补救的措施，但是，如何发现错误却需要每个人动用自己的智慧。

其实，古代的先贤们早就在探讨如何及时发现自己的错误并纠正的问题，《论语·述而》中有言，“吾日三省吾身”，也就是说每天都认真地对自己的所作所为反省一下，看看有没有做错需要改正的地方，这样就为发现错误提供了必要的保障，也为“亡羊补牢”提供了基础。同时，如孔子等先贤还为我们提供了一种预防机制。《论语·卫灵公》中说道，“子曰：‘人无远虑，必有近忧’。”意思是说，如果人没有长远的打算，就可能在最近就碰到麻烦事。这就要求我们在做事的时候就要尽量考虑到其可能产生的后果，只有这样，才能做到有的放矢，不至于走太多的弯路，甚至避免出现错误。但是，不管是预防也好，事后的补救也好，目的只有一个，就是想让事情朝着更好的方向发展。当然，任何事物都是两面性的，问题的出现并非只是消极的。正因为问题的暴露，才能让我们更好地思考问题的本质所在，让我们更好地去思考解决问题的办法，以使问题早日得到解决，让事情朝着良性的方向发展。“山重水复疑无路，柳暗花明又一村”，在问题真正得到解决后，想必心情也会如此轻快。

天行健，君子以自强不息。

【语源】

出自《周易·乾》。“《象》曰：‘天行健，君子以自强不息’。”

——《周易正义》，（三国·魏）王弼、（晋）韩康伯注，（唐）孔颖达正义（《文渊阁四库全书》经部易类《周易注疏》，第7册，第316页上栏）

《象》即《象传》，相传为孔子所撰，是对卦象的解释。“天行健，君子以自强不息”即是对卦辞的解释。这句话的意思是：自然规律会一直运行得很正常，君子应该遵照自然规律，自强不息。当然，关于这句话的解释还有很多，现在在学术界也没有公论。这句话与《周易》中的“地势坤，君子以厚德载物”一起，被广泛传诵，甚至成了中华民族精神的一部分。

【赏析】

人与自然的关系一直是人类非常关注的事情，在“征服自然”的过程中，人类也在探索着与自然的和谐相处。《周易》

是中国古代的一部奇书，书中的许多内容都体现了人与自然的关系，人对自然的改造、人与自然的和谐。大自然有其运行的规律，日升月沉、四季轮替，不管遇到什么情况，这些都不会改变。

人与自然的关系不外乎有两种。一种是征服自然。这主要表现在人类的早期。在征服自然方面，人类用自己的双手，不仅可使天堑变通途，亦可使水往高处流，这是人类的骄傲。但是，征服自然也带来了一系列的后果。现在的温室效应、气候变暖、河流枯竭等等都使人类得到了应有的惩罚，也使人类重新思考与自然的关系。另一种关系是保持与自然的和谐相处。“天行有常，不为尧存，不为桀亡”，不管“世道”如何，自然总是按照其自己的规律运行。改变可以改变的，接受不能改变的，或者在可允许的范围内进行改变，才是最正确的做法。然而，人们往往突出了改变，而忽略了接受，或许，接受多一些，才是更好的办法。现在，我们用到“天行健，君子以自强不息时”，则往往强调的是“自强不息”，而“自强不息”也在鼓励着每一个人，不管什么时候，都努力以使自己做得更好。

民惟邦本，本固邦宁。

【语源】

出自《尚书·夏书·五子之歌》。原文为：“皇祖有训，民可近，不可下。民惟邦本，本固邦宁。予视天下，愚夫愚妇一能胜予。一人三失，怨岂在明，不见是图。予临兆民，懔乎若朽索之驭六马。为人上者，奈何不敬？”

——《尚书正义》，（唐）孔颖达疏，载（清）阮元校刻《十三经注疏附校勘记》（《文渊阁四库全书》经部书类《尚书注疏》，第54册，第148页下栏）

这句话的意思是：民众是国家的根本，只有根本稳固，国家才能安宁。

【赏析】

不论在什么时候，人都是万物中最活跃的因素。一方面，人是生产力的创造者，只有调动起了人的作用，一个国家才能获得较好的发展，这使得勾践在卧薪尝胆时，制定出了鼓励生育的政策，以便有更多的人可以投入生产、投入战斗。每个新王朝刚刚建立的时候，这些封建君王也大多施行“轻徭薄赋”的政策，以让人民群众获得休养生息的机会，以恢复人口，恢复生产。

但是，另一方面，对于一个腐朽政权来说，人民群众有时又会扮演着消极的角色，因为人民群众自身具有革命性。翻开历史的长卷，我们可以看到，有许多王朝实际上是被人民群众推翻的。秦朝末年的陈胜、吴广起义动摇了秦朝的统治，为暴秦的灭亡打下了基础。后来唐末的黄巢起义、明末的李自成农民起义，清朝后期的太平天国运动，都对当时的政权产生了较为严重的后果。而让人民群众安于生产、拥护一个政权的最直接方法就是人民群众能有好的生活。鲁迅曾言，中国的人是不善于反抗的，只要有活路，就不会贸然行动。因此，“民惟邦本，本固邦宁”在这些方面更能显示出其实际意义。在人民群众当家做主的今天，我们国家的各项事业更需要人民群众的配合，也正是人民群众的辛勤工作，才有了我国现在取得的巨大成果，而人民群众生活水平的提高，则不仅会使人民群众得到实际的好处，更会提高我国的综合国力，使我国在世界民族之林中立于不败之地。

言之不足故嗟叹之，嗟叹之不足故永歌之，永歌之不足不知手之舞之足之蹈之也。

【语源】

出自《毛诗序》。原文为：“诗者，志之所之也。在心为志，发言为诗。情动于中，而形于言。言之不足，故嗟叹之；嗟叹之不足，故永歌之；永歌之不足，不知手之舞之足之蹈之也。”

——《毛诗正义》，（西汉）毛亨传，（东汉）郑玄笺，（唐）孔颖达疏（《文渊阁四库全书》经部诗类《毛诗注疏》，第69册，第116页下栏）

意思是：“诗是人类表现自己情感意志的一种形式，藏在心里表现为意志，用语言表达出来就是诗。情感发自于内心而需要用语言表达，如果语言不足以表达，就会吁嗟叹息；如果吁嗟叹息还不尽情，就会用歌唱来表达；如果歌唱仍感不满足，就会手舞足蹈。

【赏析】

《毛诗序》又称《诗序》或《诗大序》。汉代流传的《诗》有鲁、齐、韩、毛四家。鲁即鲁人申培公，齐即齐人辕固生，韩即燕人韩婴，毛即鲁人毛亨和赵人毛苌。前三家为今文经学派，早立于官学，被称为“三家诗”，却先后亡佚。毛诗属古文学派，在汉平帝时被立为官学，但是由于三家诗的亡佚，毛诗在汉末开始兴盛，并取代三家而独传于世。毛诗于古《诗》三百篇均有小序，而首篇《关雎》题下的小序后，另有一段较长文字，当为《毛诗》的总序。《诗序》对先秦的诗论作了总结，对后世诗歌的发展有着重要的影响。

“言之不足，故嗟叹之；嗟叹之不足，故永歌之；永歌之不足，不知手之舞之足之蹈之也”一句，在集《诗》解释大成的《毛诗正义》中，孔颖达认为“发言为诗”，是在分辨诗和志之间的异同，并且指出《诗》的作者认为直白之言不是诗，含蓄且具备歌唱功能的才是诗，因此专门作序来申发诗的这个特征。“情”，是指言哀乐之情。“中”谓中心，言哀乐之情动于心志之中，表达出来就见其形于话语中。不过，初言之时，却直接平实。然而平实的话语，其意却不足，也不足以申志。正是嫌其言不能申志，故咨嗟叹息以续和之。嗟叹犹嫌不足，故而长声歌唱。长声歌唱犹嫌不足，不知不觉就手舞足蹈。语言是被心差使的，不自觉手举身舞、动足蹈地，如是而后得舒心腹之愤，故作诗必要能长声歌唱。由此可见，诗是发自于心而形于外的一种体裁。《毛诗正义》论述了诗与歌之间的关系，指出了诗歌是发自于内心的一种表现形式，也说出了舞蹈与诗歌之间的关系。

由上可见，“诗”，本来就需要以歌和之，可是在时间的消磨下，却只剩下了“诗”而没有了“歌”，这使得诗歌丧失了它一半以上的意义。

因此，真正的诗歌是发自于内心，表达于形体的一种形式，实质上是内心的表达。但是，现在的人们则往往只记住了诗歌的形式，却忘记了诗歌的实质，以至于许多所谓的诗歌均在无病呻吟。现在，或许，更能将一个人的内心表达得更清楚，由内心而直接手之舞之、足之蹈之的艺术，才是一种最直接的宣泄。

乞火莫若取燧，寄汲莫若凿井。

【语源】

出自《淮南子·览冥训》。原文为："河九折注于海而流不绝者，昆仑之输也。潦水不泄，瀇滉极望，旬月不雨则涸而枯泽，受瀷而无源者。譬若羿请不死之药于西王母，姮娥窃以奔月，怅然有丧，无以续之。何则？不知不死之药所由生也。是故乞火不若取燧，寄汲不若凿井。"

——（西汉）刘安著《淮南子》，（东汉）高诱注（《文渊阁四库全书》子部杂家类，第848册，第574页上栏）

这句话的意思是去讨火不如自己去取得取火用的燧石，寄希望于别人汲取的水不如自己去凿井。这句话旨在说明掌握一种方法，依靠自己的力量胜过直接去拿来别人的成果。

【赏析】

人们总是对别人得到了什么津津乐道，而对别人究竟是怎么得到的表现得较为冷漠。其实，我们经常听到，"授之以鱼，不如授之以渔"，这是从授予方法的角度来考虑的，我们给别人一种可以取得成果的方法不仅使接受者有重复利用的可能，也可以使给予者更轻松一些，不用重复劳动。现在的许多学校都在强调这一点，这对于正在积累经验的学生来说，无疑有很重要的意义。学生需要学习的不仅是那些已经成为定论的知识，更重要的是一种以后学习的途径，获取知识的方法。长期以来，很多老师都只关注“鱼”的传授，却忽视了“渔”的传授，这是一个尤其不容忽视的问题。

而如果我们作为一个获取者，我们更需要的是那能点金的手指，而不是那由石块变成的金子。假如我们获得的只是金子，我们可能会坐吃山空，终有一天会耗尽有限的金子；假如我们获得的是点金的方法，不管什么时候，我们都可以用点金的方法来获取更多的金子。“乞火莫若取燧，寄汲莫若凿井”，表达的正是这样的意思。如果我们找到了取火用的燧石，则不管遇到什么情况，我们都能从容地点燃希望的火种，而乞来的火早晚会熄灭。“寄汲”可以获得我们暂时需要的水，但若井干涸的时候，我们只能去凿属于自己的井。况且，我们是可以从别人那里得到一些东西，但并不是总能够从别人那里得到自己想要的东西，“事不过三”也在时刻提醒着我们做一些自己能做的事。我们可以要求朋友帮忙，但是我们也必须拥有帮助朋友的能力！

山重水复疑无路，柳暗花明又一村。

【语源】

出自（南宋）陆游《游山西村》。全诗为：“莫笑农家腊酒浑，丰年留客足鸡豚。山重水复疑无路，柳暗花明又一村。箫鼓追随春社近，衣冠简朴古风存。从今若许闲乘月，拄杖无时夜叩门。”

——（宋）陆游《游山西村》（《文渊阁四库全书》集部别集类《剑南诗稿》，第1162册，第19页下栏）

乾道二年（1166）七月，陆游调隆兴府（故治在今江西省南昌市）通判，不久即回山阴。诗中说到春社，因此可能是乾道三年（1166）作的。作者在这首诗里写到山阴的风景，同样也描绘出农民的生活。

【赏析】

陆游，字务观，号放翁，是我国南宋时期著名的诗人，他一直主张抗金，因此在仕途上屡受投降派的排挤，长期不受重用，这些思想有许多也体现在了他的诗词里。因此，他的诗词里有许多豪放的气息，并且也多有对人生等的思考。这首诗正是他回归途中看到风景有感而发的作品，也蕴涵了深刻的人生哲理。

对于每个人来说，都可能会有很多时候在许多方面处于一个低谷，每每这个时候，袭来的可能是失望甚至是绝望……但是，我们更应该看到的是希望，“山重水复疑无路”，只是“疑无路”而已，只要努力去寻找，我们终究还是能够寻找到柳暗花明的“又一村”。

我们大家可能都知道这个道理，可是，真正到了我们该去寻找路的时候，又失去了前行的勇气。在这个时候，我们更应该鼓起解决一切问题的勇气，在失望中寻找希望。或许，汪国真的一首诗能更好地诠释生命中的挫折：“跋涉中，有时路没有了，那是昭示我们，生活需要新的开始，而不表明希望已到了尽头。”

百姓昭明，协和万邦。

【语源】

“百姓昭明，协和万邦”出自《尚书·尧典》。原文为：“曰若稽古帝尧，曰放勋，钦明文思安安，允恭克让，光被四表，格于上下。克明俊德，以亲九族。九族既睦，平章百姓，百姓昭明，协和万邦，黎民于变时雍。”

——《尚书正义》，（唐）孔颖达疏（《文渊阁四库全书》经部书类《尚书注疏》，第54册，第34页上栏）

这段话的大意是：能顺考古道而行者是帝尧，他的名字叫放勋。他处理政务敬慎节俭，明察是非，态度温和宽厚，确实能够对人诚实恭谨，推让贤能，因此他的福泽如同光芒照耀到四海之外极远之处，到达天地上下。他能以俊德贤才，使族人亲密和睦。族人亲密和睦以后，又对百官的政绩加以辨明。百官的政绩辨明了，又协调各个诸侯国使它们和顺团结，天下的众民在帝尧的教诲下也都友好和睦地相处了。

【赏析】

对于中国人来说，“和”是一种永恒的追求。中华民族不是一个崇尚武力、崇尚征伐的民族，在几千年的历史中，一直坚持与邻为善，注重与邻邦保持友好关系。从《尚书》所提到的原则也可以看出，我们的祖先早就有了“协和万邦”的观念。当然，当时的万邦并非今天我们所称的国家的概念，在那种以中国为一国，其余为番邦那样一种意识的指引下，所有的国也只是“王土”的一部分。只是，要管理好这些“王土”，只能用“协和”了。然而，“协和万邦”绝没有那么简单，需要的不仅是“外交”，更需要“内政”，让广大的人民过上好的日子，才是真正的“王道”。只有让老百姓生活好了，他们才更乐意去接受各种思想方面的教育，所谓“衣食足而知荣辱”也正是此意。经济层面的温饱和精神层面的“知荣辱”相结合，相信“百姓昭明”并非难事。也只有这样，才能更好地让百姓“和”，也只有这样，“万邦”方可“协和”。今天的地球村，将各国的距离拉得更近，但各种非“和”的因素一直存在，希冀中华民族的“和”为世界各国提供一种新的思路。

君子成人之美，不成人之恶。

【语源】

出自《论语·颜渊》。原文为：“君子成人之美，不成人之恶，小人反是。” 君子：指品格高尚的人；成：成全，帮助；美：好事。大意是： 君子成全别人的好事，不促成别人的坏事。小人则与此相反。

——《论语·颜渊》（《文渊阁四库全书》经部四书类《论语注疏》，第195册，第534页上栏）

【赏析】

“君子成人之美”是今天还活用的格言。《论语·颜渊》：“君子成人之美，不成人之恶。小人反是。”意思是说，君子成全人家的好事，不帮助别人做坏事，小人相反。程树德著《论语集释》说：“春秋成人之美，不成人之恶”为一句古人成语，与《论语》所论近似。可断言此语非孔学独创，其意则为当时的品德标准。

孔子常将“君子”和“小人”对此，此处亦然。如今在民间，“君子成人之美”常挂在人们的嘴边儿上，但孔子的后半句“……不成人之恶。小人反是”就不见了。千百年，《论语》一直是由“士”（更广义的“君子”）的阶层代代下传的，但为什么只传了上半句？鲁迅先生在《魏晋风度及文章与药及酒之关系》一文中谈到史书时指出，某朝的年代长一点，其中必定好人多；某朝的年代短一点，其中差不多没有好人，这是因为某朝年久，修史之人都是本朝人，因此恭维本朝的人物。年代短了，修史的是别朝人，便很自由地贬斥其异朝的人物。这段话虽是谈史书，但讲出了一个意识形态流变的一个大特点，就是其内容的可操作性和趋利避害性，这两个特点在中国文化中尤其突出。一句格言，传着传着，味儿就变了。回到本题。“君子成人之美”，谁是君子？“小人成人之恶”，谁是小人？

在今天人们往往以成人之“美”作为证明自己是“君子”。当然，毫无原则、不分善恶地成全别人不见得是成人之“美”，而有时是在成人之恶，但只要这样做了，起码不会被求助者当作小人；而如果不成人之“恶”，起码求助者会认为他求助的对象是小人。所以在今天，“君子成人之美”也常常成为“两肋插刀”助人行恶的自我号令，成为某些“义举”的口号。因此，“君子成人之美不成人之恶”的第一要义应该是长辈的行为准则。那么，“小人不成人之恶”，标志着你已成熟！

汲取优秀传统文化 增强文化自信（代结语）

文化是一个国家的符号，一个民族的灵魂。传承是文化尤为重要的特征，也是世界永恒的主题。中华文化在薪火相传中不断凝聚力量、发扬光大，在求同存异中与时俱进、历久弥新。其中“积淀着中华民族最深层的精神追求，代表着中华民族独特的精神标识”的优秀传统文化更是文化自信的源泉，坚不可摧的基石。

系于此，如何汲取中华优秀传统文化，成为我们必须而迫待完成的任务。汲取中华优秀传统文化，第一，要正本清源。为此，需要明中华优秀传统文化的源与流，以通古今之变；辨其传承得失，以获光大之门。只有晓源流，知得失，才能水活源清，通彻明贯，立定根脉，不做无本之木，不夸大，不失真，不标新立异，不碍于枝蔓，不走弯路，脚踏实地，真正做好优秀传统文化的传承光大工作，文化自信才有真确可靠的基石。

中华优秀传统文化的源头可以上溯到三代。自三代开始，中华文化的优秀内核及其所蕴含的命脉就已显端倪。此后，经先秦诸子发挥，初具规模。再经历代儒家反复演绎论证，在天人性命气质理欲良知、中西古今之间，在私塾书院之中，师徒授受之上，架构起了中华民族的文化体系及其传承体系。在这个过程中，上下求索，明得失知功过，自省他验，去粗取精，去伪存真，立足本来，不弃外来，面向未来，中华文化的优秀内核由此得以提炼出来并传承下去，而由此形成的强大的凝聚力和向心力，则成为中华民族绵延不息的精神动力，奠定了中华民族之根、自信之本。历代文献记载下了这个优秀内核及包涵于其中的文化命脉与自信，成为时人后人取之不竭的源泉。至于处于其中核心地位，充当延续文化命脉与自信的士人们，即使国破家亡，依然誓死延续文化命脉与自信。我们这个民族从中得到的借鉴则是“欲知大道，必先为史；灭人之国，必先去其史”。文化命脉与文化自信的重要性不言自喻。从《尚书·尧典》盛赞尧及其为代表的三代文化，到历代修书、修史，充满了中华儿女对中华文化的自信与豪情。

第二，要解决优秀传统文化为增强文化自信服务的路径问题。基于以上所述，我们可以从先秦诸子入手，以儒家文明为线索，由两汉经学、魏晋玄学、宋明理学、清代各学术，遍览相关文献，系统梳理文化自信源流、脉络及其走向，择出语词佳句，形成理念，加以阐释推广，继而融入社会主义先进文化中的文化自信内涵，使其服务于建立新时代富有中国特色的文化自信体系。

第三，要处理好中华优秀传统文化的古今中外问题。中华优秀传统文化具有累代加新性。它的每次升华，既是前代文化基础上的革新，也是对外来文化的吸收转化。我们在汲取优秀传统文化，增强文化自信时，要做到不盲目崇古，不以古非今，不以今非古，也不排外；要兼容并包，海纳百川，求同存异，共同发展。如习近平总书记所道，不忘本来，吸收外来，面向未来。具体而言，要发掘中华优秀传统文化，从传承下来的历代文献以及民间文化中去汲取养分，可以依类确定优秀传统文化内涵；依时代梳理最早出处，各时代佳句语词，以民众听得懂、听得进、听后晓得行的方式，讲明词义演化，以及典型故事，形成风气，有效传播中国精神，展示中华风采，增强中华文化自信。

第四，优秀传统文化静谧内敛，需要激活它，以实现中华优秀传统文化的创造性转化，创新性发展。习近平总书记指出，“努力实现传统文化的创造性转化、创新性发展，使之与现实文化相融相通，共同服务以文化人的时代任务。”习近平总书记还指出，“所谓创造性转化就是要按照时代特点和要求，对那些至今仍有借鉴价值的内涵和陈旧的表现形式加以改造，赋予其新的时代内涵和现代表达形式，激活其生命力。所谓创新性发展，就是要按照时代的新进步新进展，对中国优秀传统文化的内涵加以补充、拓展、完善，增强其影响力和感召力。”

激活中华优秀传统文化，就是要激发其本身就具有的无限活力，弘扬其所蕴含的宝藏，与时俱新，新时代需要养新开新，服务于新时代，发挥最大效用。细而言之，可以从中提炼优秀的中国话语，赋予话语以时代内涵，推陈出新，增强话语自主与创新意识，用中国话语讲好新时代的中国故事，阐释文化自信。这样，有利于形成中国新时代的话语体系，扬我中华“四个自信”于世界。当然，今天的世界、今天的中国非过去的时代所能比，所以不能完全照搬古代语言，但是加强对中国文化的学习，打造中国话语体系，增强文化自信，减少对西方话语的依赖，有利于国际社会了解中国、理解中国。

激活中华优秀传统文化，实现优秀传统文化的创造性转化、创新性发展，还有一个重大途径，即向世界发出中国的声音，展示中国的正能量。为之，可以挖掘优秀传统文化中所包含的宝贵记忆遗产，并申请世界记忆遗产名录。《四库全书》，荟萃了18世纪及其之前要籍，因战乱之故，原有的七部正本，现在只剩下文渊、文溯、文津、文澜四部了，我们更应该保护弘扬。《四库全书》进入世界记忆遗产名录，完全实至名归。因此，《四库全书》申请世界记忆遗产名录，必要而迫切。

第五，要解决如何继承并汲取优秀传统文化养分，如何入中华优秀传统文化之门的问题。

传统文化如何继承是老问题也是新问题，说它老，是因为从民国年间就开始谈这个问题了；说它新，是因为在当今的中国梦中，它有着很重的分量。

中国封建时代的主体其实是士人，在他们确立的儒家文明濡染下形成了中国人的思维模式和行为方式。因此从某种意义上说，中国传统文化也可谓士人文化。

中国封建社会自来忽视百姓，并且愚民，百姓很难先知先觉，所以士阶层相当重要，他们直接影响到国家前途和命运。他们是包括皇帝在内的广大读书人，有在野和在朝二类。在野是未取得功名者，在朝是学而优则仕这类。所谓“居庙堂之高则忧其民，处江湖之远则忧其君”，无论在朝在野者都心系家国民生。经过他们的阐释与夯实，君臣父子夫妇之间的伦理纲常，仁义礼智信等道德理想与行事风格，即他们口中常说的维系了中国几千年封建社会的延续与稳定的大道——儒家文明得以形成。

然而，可悲的是，产生士人的土壤，给予他们报效家国的只有“致君尧舜上”一途。因此，他们希望能遇到尧舜一样的明君。围绕这个梦想，君臣、士人、生民之间上演了一幕幕悲喜剧。有道则仕，无道则隐。而当隐居也成为一种奢求时，也就是士子挺身而出之际。每个封建王朝看似被农民起义推翻，而且有一代表农民的起义领袖，但实际是这些士子隐于幕后，筹谋划策的结果。

有着几千年历史的士人文化走到今天，从表面上看已经结束，其实并没有结束。表面结束的是士人这个团体，存留的是士人们所确立的儒家文明及其精神内蕴。既然如此，我们该如何对待它呢？鉴于它本身良莠并存，我们要辩证对待，承优纳秀。

第一，传承它所确立的儒家文明中的优良成分，以民为本，重视和推崇国家统一，反对民族分裂，宣德达教，培育夯实民族根基，树立社会主义核心价值观。

那么，这个养分如何汲取？依据习近平总书记的指示：“读优秀传统文化书籍，是一种以一当十、含金量高的文化阅读。领导干部多读优秀传统文化书籍，经常接受优秀传统文化熏陶，可以提高人文素养，增强对人与人、人与社会、人与自然关系的认识和把握能力，正确处理义与利、己与他、权与民、物质享乐与精神享受等重要关系。”汲取这个养分，第一要义就是读书，读优秀传统文化书籍到一定时候，于潜移默化中升华我们的思想，爱家、爱国、爱天下自然而生，使民族灵魂日渐植入每个中国人心中。

至于如何鉴别优秀传统文化书籍，中国古典目录学则是问津之钥。清人指出，凡读书最切要者，目录之学。目录明，方可读书；不明，终是乱读。目录学为“学中第一紧要事，必从此问涂，方能得其门而入”，兼具“折衷六艺，宣明大道”“辨章学术，考镜源流”的功能。因此，我们需要鉴别或入优秀传统文化门径的书目及其提要。当年，为学习西学，或为固中华文化之本，张之洞有《书目答问》，康有为有《日本书目志》《桂学答问》，梁启超有《西学书目表》《读书分月课程》等阅读书目问世。而他们之前的《四库全书总目》则是指引阅读优秀传统文化书籍的集大成目录著作，嘉庆道光之后的通儒莫不泽被其中。

第二，继承中华文明本身具有的兼容并包精神，去除传统文化中诸如门户党争等陋习，大力加强文化思想建设。

中华文明是不停吸收他者文明不断改造的开放的文明，我们要继续发扬光大之，涤清它传统文化中的痼疾，站在新时代高度整理古代典籍，服务于新时代思想文化建设，助力“推动不同文明友好相处、平等对话、发展繁荣，共同构建一个和谐世界”是很重要的一环。

当然，我们必须清醒地认识到，弘扬优秀传统文化，增强文化自信，不仅事关重大，而且是一项艰巨且复杂的任务，需要有全民之效，才可告成；因此要动员广大人民群众加入到弘扬优秀传统文化、促进文化交流、增强文化自信的队伍中去。

人民群众是文化的创造者，弘扬优秀传统文化，增强文化自信，还要与现实生活密切结合，从民族文化中提炼文化精髓，在人民群众中增强文化自信，这样才能全面实现优秀传统文化的创造性转化，创新性发展，充分体现优秀传统文化的价值，并永葆中华文化强大的生命力。

参考书目

[1] 班固.汉书[M].颜师古，疏.北京：中华书局，1975.

[2] 魏征.隋书[M].北京：中华书局，1973 .

[3] 刘知几.史通笺注[M].张振珮，笺注.贵阳：贵州人民出版社，1985.

[4] 郑樵.通志[M].王树民，点校.北京：中华书局，1995.

[5] 纪昀.纪文达公遗集[M].刻本.1802.

[6] 纪昀.钦定四库全书总目[M].北京：商务印书馆，1959.

[7] 纪昀.纪晓岚文集[M].石家庄：河北教育出版社，1995.

[8] 永瑢等.四库全书总目[M].北京：中华书局，1965.

[9] 于敏中等.日下旧闻考[M].北京：北京古籍出版社，1981.

[10] 钱大昕.潜研堂文集[M].上海：上海书店，1989.

[11] 阮元.揅经室集 [M].上海：上海书店，1989.

[12] 江藩.汉学师承记[M].上海：上海书店，1983.

[13] 陈康祺.郎潜纪闻二笔[M].北京：中华书局，1984.
[14] 江藩.汉学师承记[M].北京：中华书局，1985.
[15] 喻长霖.惺諟斋初稿五种[M].崧岱山馆丛钞本铅印本，1911.
[16] 张之洞.輶轩语[M]. 木活字印本.南昌：江西书局，1882.
[17] 孙同康.郑斋汉学文编[M]. 铅印本.1908.
[18] 邓实等.国粹丛书[M]. 铅印本.上海：国学保存会，1907.
[19] 姚觐元，孙殿起.清代禁毁书目（补遗）清代禁书知见录[M].北京：商务印书馆，1957.
[20] 章梫.一山文存[M].湖州：刘承干嘉业堂，1918.
[21] 陈乃乾.索引式的禁书总录[M]. 北京：富晋书社，1932.
[22] 杨家骆.四库全书学典[M].上海：世界书局，1946.
[23] 许寿裳.亡友鲁迅印象记[M].北京：人民文学出版社，1953.
[24] 余嘉锡.四库提要辨证[M].北京：中华书局，1980.
[25] 孟森.明清史讲义[M].北京：中华书局，1981.
[26] 任松如.四库全书答问[M].成都：巴蜀书社，1988.
[27] 黄爱平.四库全书纂修研究[M].北京：中国人民大学出版社，1989.
[28] 雷梦辰.清代各省禁书汇考[M].北京：北京图书馆出版社，1989 .
[29] 崔富章.四库提要补正[M].杭州：杭州大学出版社，1990.
[30] 郭伯恭.四库全书纂修考[M].上海：上海书店出版社，

1992.

[31] 戴逸.乾隆帝及其时代[M].北京：中国人民大学出版社，1992.

[32] 胡玉缙，王欣夫.四库全书总目提要补正[M].上海：上海书店出版社，1998.

[33] 梁启超.中国近三百年学术史[M].太原：山西古籍出版社，2001.

[34] 孟森.清史讲义[M].桂林：广西师范大学出版社，2005.

[35] 陈垣.中国佛教史籍概论[M].上海：上海书店出版社，2005.

[36] 陈祖武，朱彤窗.乾嘉学派研究 [M].石家庄：河北人民出版社，2007.

[37] 陈晓华."四库总目学"史研究 [M].北京：商务印书馆，2008.

[38] 梁启超.国学要籍研读法四种 [M].北京：国家图书馆出版社，2008.

[39] 陈晓华.四库学 [M].北京：社科文献出版社，2017.

[40] 黑格尔.历史哲学[M].王造时，译.北京：三联书店，1956.